현직 교사가 알려 주는

논술
고전 50

현직 교사가 알려 주는
논술 고전 50

1판 1쇄 발행　2024년 9월 25일

지은이 윤지선
발행인 조상현
마케팅 조정빈　**편집인** 정지현　**디자인** 페이퍼컷 장상호

발행처 더디퍼런스
등록번호 제2018-000177호
주소 경기도 고양시 덕양구 큰골길 33-170(오금동)
문의 02-712-7927　**팩스** 02-6974-1237
이메일 thedibooks@naver.com　**홈페이지** www.thedifference.co.kr

ISBN　979-11-6125-508-8　03370

현직 교사가 알려 주는

논술 고전 50

**초등 시크릿
독서 교육**

윤지선 지음

더디퍼런스

여러분은 미래 교육의 해법을 어디서 찾고 계신가요? 인터넷과 스마트폰이 반려 기기가 되어 버린 요즘, 텍스트보다는 영상 시청을 선호하는 아이들을 어떻게 키워 내야 할까요?

알고리즘이 이끄는 영상 속에서 시각적 자극에 익숙해진 아이들은 문제를 해결하는 과정에서 오는 '사고'의 묘미를 잘 느끼지 못합니다. 어려운 문제에 부딪히고 해결하는 과정에서 우리 뇌는 성장하고 문제해결력도 길러지는데 말이죠.

요즘 화두가 되는 문해력도 이것과 맥락이 같습니다. 잘 모르는 어휘도 앞뒤 문맥으로 미루어 짐작해서 의미를 해석하는 과정이 사라지다 보니 문해력 저하 문제도 생겨나는 것이겠지요.

학교에서 수 년 동안 많은 아이들을 가르치며 우수한 아이들을 지켜본 결과, 그 아이들의 공통점은 사고를 넘어 '사유'를 한다는 것이었습니다. 에드워드 윌슨은 《통섭(Consilience: The Unity of Knowledge)》에서 앞으로 세상은 통섭자가 지배하게 될 것이며, 통섭자는 적절한 때에 적절한 정보를 결합하고 비판적으로 생각하며 현명한 선택을 할 수 있는 사람이라고 하였습니다.

미래의 인재는 깊게 사고하며 지식을 통합할 수 있는 사람이라는 점에서 저는 통섭자가 미래의 인재상이라고 생각합니다. 그럼 미래의 리더가 될 통섭자를 키워 낼 수 있는 방법은 무엇일까요? 저는 그 해답을 동서고금의 지식이 집대성된 '고전' 독서에서 찾았습니다.

고전은 시대를 뛰어넘어 문제해결력과 올바른 가치관을 심어 줍니다. 《햄릿》의 "죽느냐! 사느냐!"라는 원초적 질문은 올바른 인생에 대한 고민거리를 던지며 사유의 힘을 키워 주겠지요. 《크리스마스 캐럴》의 선과 악을 나타내는 캐릭터, 《레 미제라블》의 정직이라는 키워드는 올바른 삶이란 무엇인지 생각하게 합니다. 고전이 이루고 있는 착한 사람이 복을 받는 '권선징악'의 서사는 보이지 않는 선행과 성실의 가치를 아이들이 내면화할 수 있게 도와주지요.

고전의 가치는 미국의 삼류대학이었던 시카고대학교가 '위대한 고전 읽기'라는 '시카고 플랜'을 통해 세계 10위권의 대학이 될 수 있었던 것에서 그 증거를 찾을 수 있습니다.

과학자 아이작 뉴턴은 "나는 어린 시절 지진아였지만 학교에서 고전 교육을 받았다. 노트의 맨 첫 장에 아리스토텔레스를 필사하며 플라톤과 아리스토텔레스는 나의 친구이다."라고 했어요. 로스 차일드는 "나의 최상의 즐거움은 매주 토요일 오후마다 학자들과 함께 고전을 읽는 일이다."라고 회상했고요. 현대 문명의 발전과 기술혁신 속에 고전문학의 지혜와 지식이 얼마나 많은 사람들에게 지적 영감을 주는지 알 수 있는 대목입니다.

저는 "미래 사회는 '고전 읽기'가 답이다."라는 마음으로 이 책을 집필하게 되었습니다. 초등학교 아이들의 발달 수준에 맞는 동서양의 고전을 선택했는데 내용이 어렵거나 우리나라 정서에 맞지 않는 고전은 제외시켰습니다.

심리학자 밀턴 에릭슨은 인간의 발달단계 중 초등 시기를 근면성과 열등감이 대립하는 시기라고 했습니다. 이 이론에 따라 아이들에게 근면성을 통해 효능감을 키워 낼 수 있는 고전을 찾아 정리했습니다.

또, 고전 읽기를 통해 통합적으로 사고할 수 있도록 문학 외의 사회, 경제, 문화 부분을 함께 정리했습니다. 빛나는 한 문장을 통해 인생의 나침반을 선물하고 싶었습니다. 어려운 고전을 쉽게 정리해 놓았으니 아이들과 함께 읽고 활동하면서 미래 교육의 해답을 찾길 바랍니다.

저자 윤지선

CONTENTS

현직 교사가 알려 주는 논술 고전 50
동양 고전   2장

우리 고전			동양 고전
사회소설		판소리계 소설	
한글소설	한문소설	흥부전	사기열전
홍길동전	허생전	심청전	삼국지연의
전우치전	양반전	춘향전	명심보감
애정소설		옹고집전	서유기
한글소설	한문소설	장끼전	채근담
구운몽	금오신화 (이생규장전)	토끼전	
동백꽃		가정소설	
소나기		사씨남정기	
군담소설(군인, 전쟁)		운수 좋은 날	
한글소설	한문소설	사랑 손님과 어머니	
임진록	난중일기		

서양 고전		
명작 고전		철학 고전
모험과 상상	사랑	탈무드
걸리버 여행기	크리스마스 캐럴	햄릿
이상한 나라의 앨리스	플랜더스의 개	레 미제라블
해저 2만 리	피노키오	인형의 집
80일간의 세계 일주	마지막 잎새	사람은 무엇으로 사는가
톰 소여의 모험	빨간 머리 앤	파랑새
15소년 표류기	키다리 아저씨	동물농장
오즈의 마법사		노인과 바다
우리가 꿈꾸는 세상		샬롯의 거미줄
올리버 트위스트	어린 왕자	나무를 심은 사람
왕자와 거지	나의 라임오렌지 나무	갈매기의 꿈
바보 이반	꽃들에게 희망을	
피터 팬		

이 책의 활용법

금오신화(이생규장전)

빛나는 한 문장

> "좋은 인연이 되려는지 나쁜 인연 되려는지
> 부질없는 이 내 시름 하루가 일 년 같아라."

책 속으로

어느 봄날, 개성에 사는 이생은 선죽교 근처에서 최씨라는 귀족 집안의 아름다운 여인을 만난다. 그녀의 아름다움에 반한 이생은 사랑을 가득 담은 글을 써서 담 너머로 던진다. 이후 그들은 사랑에 빠지면서 신분 차이로 혼인이 어려운 상황이 되었다. 이를 눈치챈 이생의 아버지는 그를 먼 곳으로 보내 버린다. 이에 최씨 여인이 알아눕자 그녀의 부모가 나서 그들의 인연을 이어 주

지은이 김시습(1435~1493). 우리나라 최초의 소설가. 조선 초기의 문인, 학자이자 불교 승려. 명육심. 창작 시기 15세기 일본에서 전해 모진 목판본(1884년)을 최남선이 발견하여 1927년 잡지 《계명》에 소개. 특징 조선 최초의 한문 단편소설로 다섯 편의 기묘한 이야기가 전해지고 있음.

시크릿한 책 속 이야기

《금오신화》는 조선 세조 때 김시습이 지은 최초의 한문 소설집이에요. 1884년 일본에서 간행된 목판본을 1927년 최남선이 소개하면서 세상에 알려졌지요. 창작 당시에는 몇 편이었는지 확실치 않고 현재 전해지는 이야기는 〈만복사저포기〉, 〈이생규장전〉, 〈취유부벽정기〉, 〈남염부주지〉, 〈용궁부연록〉의 다섯 편이에요.

김시습은 단종이 폐위되었을 때 벼슬을 버리고 절개를 지킨 생육신 중 한 명이에요. 이 책은 김시습이 경주 금오산(지금의 남산)에 지은 이야기라 하여 '금오신화'라는 제목이 붙었어요. 초등학교 아이들이 읽기엔 다소 어려운 이야기와 한자어가 많지만 어린이를 위한 금오신화도 있으니 읽어 보면 〈해

---

① 해당 고전의 주제를 나타내는 명문장이나
작가의 생각을 드러내는
말을 골랐습니다.

② 교육 현장에서 아이들과 함께 생활하는
교사의 시각에서 풀어낸
감상평과 책의 특징입니다.

③ 책 읽을 때 참고할 점, 중점을 두면 좋은 점,
재미있는 포인트,
흥미로운 책 이야기 등을 담았습니다.

책을 읽고 나서 ④
부모와 아이가 함께하는 독후활동입니다.
또한 고전 읽기를 통해
문학 외의 사회, 경제, 문화 부분의 상식도
넓혀 갈 수 있도록 구성했습니다.

고전에서 배우는 역사 - 계유정난

- **계유정난**(癸酉靖難) 1453년(단종 1년) 11월 10일에 일어난 정변으로 당시 수양대군이 어린 조카 단종의 왕위를 빼앗은 사건을 말해요.
문종이 죽고 열두 살의 어린 단종이 왕이 되자 삼촌이었던 수양대군은 군사를 일으켜 김종서, 황보인 등 정치적 반대파를 제거하고 정권을 장악했어요. 왕권을 잡은 수양대군이 바로 조선 7대 왕 세조예요.
이때 단종의 편에서 끝까지 의리를 지킨 신하에는 김시습을 포함한 생육신과 성삼문, 박팽년 등의 사육신이 있어요.

- **사육신**(死六臣) 단종의 복위를 도모하다 발각되어 세조에게 죽임을 당한 여섯 명의 신하를 말해요. 성삼문, 박팽년, 이개, 하위지, 유성원, 김문기를 사육신이라 해요.

- **생육신**(生六臣) 세조가 단종의 왕위를 빼앗자 벼슬을 버리고 절개를 지킨 여섯 명의 신하를 말해요. 김시습, 성담수, 원호, 이맹전, 조려, 남효온이 생육신이지요. 살아남은 신하라 하여 사육신과 구별하기 위해 생육신이라 한답니다.

사육신묘역
©Astrosea

현직 교사가 알려 주는

논술 고전 50
우리 고전

홍길동전

> "아버지를 아버지라 부르지 못하고
> 형을 형이라 부르지 못하니……."

책 속으로

홍길동은 조선 세종 때 이조 판서인 양반 아버지와 노비 출신 어머니 사이에서 태어난 얼자였다. 길동은 어린 시절부터 공부는 물론 무예 실력도 고루 갖춘 인재였지만 천한 신분 때문에 그 재주를 인정받지 못했다. 길동의 재주는 오히려 미래에 집안을 위협하는 화근이 될 수도 있다 하여 환영받지 못했고, 이를 시기한 집안 사람들은 자객을 보내 길동을 없애려 했다. 자객의 위협에서 구사일생으로 살아난 길동은 집을 나와 방랑의 길을 떠난다. 그 길에서 도적 떼를 만나고 그들과 싸워 도적 떼의 두목이 된다.

길동은 '활빈당(活貧黨)'을 조직해 백성의 재물을 약탈한 양반이나 수령의 재물을 빼앗아 가난한 백성들에게 나누어 주는 '의적'이 된다. 길동은 같은 날 같은 시간 여러 감영에서 물건을 훔치고 '물건을 도둑질한 사람은 활빈당 대장 홍길동'이라는 방을 붙여 둔다. 나라에서는 길동을 잡으려 노력하나 찾을 수 없어 길동의 아버지 홍판서와 형이 나서 길동을 설득한다.

길동은 아버지의 뜻에 따라 임금님이 주신 벼슬 '병조판서' 직을 수락한다. 병조판서가 된 길동은 남경이라는 곳으로 가던 중 아름다운 율도국을 발견하고 요괴와 싸워 율도국을 차지한다. 율도국은 신분이 높은 사람도 낮은 사람도 없는 모두가 평등한 나라였고, 길동은 율도국을 다스리며 행복하게 살았다.

지은이 허균(1569~1618). 조선 중기의 관료로 외교관, 학자, 의병장, 문장가, 비평가. 시대를 앞서간 비운의 천재로 평가받는다. 창작 시기 16세기 조선에서 창작되어 19세기에 널리 유행 특징 우리나라 최초의 한글 소설

시크릿한 책 속 이야기

우리나라 사람 중 홍길동을 모르는 사람은 없을 거예요. 《홍길동전》은 조선 선조 때의 학자 허균이 지은 우리나라 최초의 한글 소설이에요. 그럼 그동안의 소설은 어떤 말로 썼을까요? 바로 한자였어요. 한자로 쓴 글은 백성들이 읽기 어려웠고, 내용 또한 백성들이 이해하고 즐기기 어려웠어요. 그때 한글로 쓴 《홍길동전》이 등장한 거예요.

한글로 쓰여 있을 뿐만 아니라 탐관오리에게 재물을 빼앗아 가난한 백성들에게 나누어 주는 통쾌한 내용을 담고 있었으니 백성들은 《홍길동전》을 사랑할 수밖에 없었겠지요.

고전에서 배우는 역사

• 서자와 얼자, 그들이 궁금하다

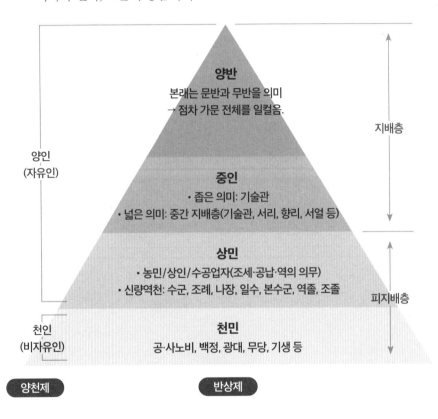

• 조선 시대는 신분제 사회였어요. 양반과 양반이 결혼하여 자녀를 낳으면 그 자녀는 양반이 되었지만, 아버지가 양반이고 어머니가 중인이나 상민이면 자녀는 서자가 되었어요. 또 아버지가 양반이고 어머니가 천민이면 아이는 얼자가 되는 것이지요. 조선 시대에 서자와 얼자를 합쳐 '서얼'이라고 불렀답니다.

서얼은 과거 시험을 볼 수 없었고, 관직에 등용되기도 매우 힘들었어요. 홍길동처럼 집안에서도 천하게 여기며 재산 상속권도 없었어요. 그러니 아버지를 아버지라 부르지 못하고 '대감 마님'으로 불러야 했죠. 이러한 서얼 제도는 고종 때인 1894년 갑오개혁을 통해 완전히 폐지되었답니다.

그런데 조선 시대 서얼이었지만 관직에 진출한 사람들도 있어요. 정조는 유득공, 박제가, 이덕무, 서이수 등 '서얼 4인방'을 등용해서 규장각 검서관에 임명하고 그들과 학문을 논하기도 했답니다.

전우치전

> "가련한 사람들을 돕는 게
> 바로 도사의 일이다."

책 속으로

조선 초 송경(개성)에 '전우치'라는 신묘한 재주를 가진 선비가 살았다. 신기한 재주를 지니고 있었으나 자신을 잘 감추어 사람들은 그가 특별한 사람이라는 걸 알아채지 못했다. 해적의 약탈과 흉년으로 백성들의 삶이 어려워지는데도 백성을 돌보지 않는 벼슬아치들에게 화가 난 전우치는 신선으로 변신하여 궁궐로 들어간다. 그는 왕에게 옥황상제의 명령이라며 황금 대들보를 만들게 하고, 그것을 팔아 쌀을 사서 가난한 백성들에게 나눠 준다. 전우치에게 속은 것을 안 왕은 몹시 화가 나 전국에 전우치 체포령을 내린다. 전우치는 포도청 병사들을 도술로 물리치지만 왕의 명을 어길 수 없어 왕 앞에 나타나 "나의 죄를 다스릴 정신으로 백성을 다스리라"며 충고하고 풀려난다.

그는 전국을 다니며 백성을 돕고 도적 떼를 잡는 등 나라에 공을 세우지만, 이를 시기한 신하들이 전우치에게 누명을 씌워 전우치는 처형의 위기에 처한다. 처형장에서 그는 그림 한 장을 그리게 해 달라 소원하고 왕이 이를 허락하자 당나귀 한 마리를 그리더니 나귀를 타고 그림 속으로 사라진다. 그 뒤 전우치는 신묘한 도술을 부리며 살아간다. 어느 날 전우치는 도학이 높다는 화담 서경덕을 찾아갔다가 화담의 도술에 걸려 곤욕을 당하고는 화담의 제자가 되어 영주산에 들어가 도를 닦았다고 한다.

시크릿한 책 속 이야기

《전우치전》과《홍길동전》은 탐관오리들의 재물을 빼앗아 가난한 백성들에게 나눠 주는 의적을 그려서 자주 비교가 됩니다.《홍길동전》은 '활빈당'을 만들어 부조리한 사회제도나 현실을 고쳐 보겠다는 의지와 행동을 보여요. 그에 비해《전우치전》은 사회를 비판하려는 의도보다는 독자에게 재미를 주기 위해 만들어졌다고 볼 수 있어요.

만화 같은 재미있는 내용이지만《전우치전》은 2007년 9월 3학년 모의고사와 2020년 6월 평가원 모의고사에 등장했어요.《전우치전》을 읽고 내용을 어느 정도 이해했는지 묻는 문제와 영화 시나리오를 제시해 영화 내용, 인물의 성격 등을 바탕으로 장면을 유추해 내는 문제였어요.《전우치전》과 관련한 문제의 오답률이 다소 높았다고 해요. 고전 소설에 나오는 어휘가 어려운 데다 전체 내용을 이해하지 못한 학생은 특정 부분만 보고 이야기를 해석해야 하니 혼동이 왔던 거예요. 이에 재미있는 고전인《전우치전》을 초등 시기에 읽어 두면 고전 문학에 좀 더 쉽게 다가갈 수 있을 거예요.

고전에서 배우는 어휘 《전우치전》속 어휘

• 대들보
"하늘의 궁궐이 오래되고 낡고 헐었기에 수리하고자 하는데 황금 들보가 없는지라……."
전우치는 자신을 하늘에서 내려온 신선이라 속이고 왕에게 '황금 들보'를 만들라 시켜요. 가져오지 않으면 나쁜 일을 당할 것이라 엄포를 놓으면서 말이지요.
이때 황금 들보는 무엇일까요?
그것은 황금으로 만든 대들보를 말해요. '대들보'는 집과 지붕을 떠받치는 '큰 보'예요. 작은 들보의 하중을 받기 위하여 기둥과 기둥 사이에 건너지른 큰 들보를 말하지요.

대들보는 한 나라나 집안의 중심이 되는 중요한 사람을 비유하는 말로도 쓰입니다. "넌 우리 집안의 대들보다."처럼요.

"대들보 썩는 줄 모르고 기왓장 아끼는 격."이라는 속담도 있어요. 장차 크게 손해 볼 것은 모르고 당장 돈이 조금 든다고 사소한 것을 아끼는 어리석은 행동을 비유적으로 이르는 말이랍니다.

허생전

> "공부를 하는 목적은 명성을 얻기 위함이 아니라
> 사람들의 생활을 편리하게 만드는 데 있다."

책 속으로

남산 아래 묵적골, 비바람도 막지 못하는 두어 칸 초가집에 글 읽기를 좋아하는 가난한 선비 허생이 살았다. 그의 부인이 바느질품을 팔아서 겨우 먹고 사는 형편이었다. 허생은 10년을 기약하고 글 읽기에 몰두했지만 부인의 울음 섞인 호소를 듣고는 그 길로 집을 나선다. 한양에서 가장 부자인 변씨를 찾아가 1만 냥을 빌리고, 그 돈으로 시장의 과일을 모조리 사고 되팔아 10배의 이익을 얻고, 그 돈으로 말총을 사들여 망건 값을 10배로 올려 팔아 100배로 돈을 불린다. 매점매석을 통해 큰돈을 벌었지만 조선 경제의 답답한 현실에 한탄한 허생은 얼마 뒤엔 도적 떼를 설득하여 비옥한 무인도로 데려가 새 삶을 살게 하고는 백만 냥을 벌게 된다. 그러나 땅이 좁아 다시 조선으로 돌아가기로 마음먹고 섬에 드나드는 배를 모조리 불태우고는 바다에 50만 냥을 버린다. 조선으로 돌아온 허생은 가난한 사람들에게 번 돈을 나누어 준 후에도 10만 냥이 남자 변씨에게 돈을 갚는다.

변씨는 어영대장에게 허생을 소개하고 어영대장은 청나라에 대한 대책을 묻기 위해 허생을 찾는다. 허생이 대책을 제시하였는데도 어영대장이 실행이 어렵다고 하자 허생은 그를 꾸짖고는 사라져 버린다.

지은이 연암 박지원(1737~1805). 조선 후기의 문신, 실학자, 사상가, 외교관, 소설가 창작 시기 18세기 특징 중고등 국어 교과서 수록.《열하일기》 안에 있는 〈옥갑야화(玉匣夜話)〉에 나오는 이야기

시크릿한 책 속 이야기

〈허생전〉은 세계 최고의 여행기라 일컬어지는《열하일기》속 〈옥갑야화〉에 들어 있는 이야기예요.《열하일기》는 1780년 연암 박지원이 청나라 황제였던 건륭제의 칠순을 축하하기 위한 사절단으로 출발한 5월 25일부터 한양으로 돌아온 10월 27일까지의 기록을 담고 있어요.

연암 박지원은 열하로 가는 과정에서 중국의 발전된 모습을 보고 실학에 뜻을 두게 되었다고 해요.《열하일기》에는 정치, 경제, 병사, 천문, 지리, 문학 등 각 방면의 신문물이 소개되어 있어요. 실학 사상은 '이용후생'을 강조하는데, 이는 근본(도덕)보다 말단(실용)을 앞세워야 한다는 것을 의미해요.

연암 박지원의 이런 생각은 〈허생전〉에 그대로 담겨 있는데, 상업을 천시하던 조선 사회에서 이 글은 많은 비판을 받았지요. 그래서 이 글을 '사회 개혁 소설'이라고 볼 수 있어요.

허생이 매점매석★을 통해 국가의 경제를 어지럽히는 것 또한 조선이 얼마나 취약한 경제 구조를 가지고 있는지를 보여 주는 것이죠. 그래서 〈허생전〉을 '사회 소설', '풍자 소설'이라고도 한답니다.

〈허생전〉은 경제 공부를 위한 중요한 제재이기도 해요. 허생이 돈을 벌 수 있었던 건 수요와 공급에 의해 가격이 결정되는 상황을 절묘하게 이용했기 때문이지요. 가격의 상승과 하락은 수요와 공급에 의해 이루어진다는 사실을 이 책을 읽으며 이야기 나눠 보면 어떨까요?

★ 매점매석
특정 상품의 가격이 오를 것을 예상하여 미리 많이 사들인 뒤 그 상품이 부족하여 값이 오르면 보관했던 상품을 비싸게 다시 파는 것을 말해요.

고전에서 배우는 역사

• 북학파

⟨허생전⟩의 배경이 된 1636년 조선은 병자호란에서 패하고 많은 것을 잃었지만 여전히 새로운 것을 받아들일 마음이 없었어요. 백성들이 굶주리고 있는데도 조선은 청나라를 오랑캐라 여겨 청의 발전한 문물을 받아들이지 않아요.

연암 박지원은 ⟨허생전⟩의 허생을 통해 다음과 같이 말합니다.

"무릇 천하에 대의(大義)를 알리고자 하면 먼저 천하의 호걸들과 교류하지 않고서는 이룰 수 없소. 남의 나라를 치려면 먼저 첩자를 보내지 않고는 성공할 수 없소. 지금 만주가 갑자기 천하의 주인이 되었소. 중국 민족과는 친근해지지 못하는 판에, 조선이 다른 나라보다 먼저 섬기게 되어 저들이 우리를 가장 믿는 터이오. 진실로 당나라나 원나라 때처럼 우리 자제들이 유학 가서 벼슬까지 하도록 허용해 줄 것과, 상인의 출입을 금하지 말도록 할 것을 간청하면, 저들도 반드시 자기네에게 친근하려 함을 보고 기뻐 승낙할 것이오. 나라의 자제들을 가려 뽑아 머리를 변발시키고 호복을 입혀서 그중 선비는 과거를 보게 하고, 상인은 멀리 강남으로 장사를 보내 저 나라의 실정을 정탐하는 한편, 저 땅의 호걸들과 결탁한다면 천하를 뒤집고 나라의 치욕도 씻을 수 있을 것이오. 그리고 만약 명나라 황족에서 구해도 사람을 얻지 못할 경우, 천하의 제후를 거느리고 새로운 황실을 하늘에 천거하여야 할 것이오. 잘되면 대국(大國)의 스승이 될 것이고, 못 되어도 백구지국(伯舅之國)의 지위를 잃지 않을 것이오."

이렇게 주장하는 사람들을 '북학파'라고 합니다. 이에 반대하는 사람들은 청으로 쳐들어가자는 '북벌파'라고 하고요.

• 허생이 한 말을 읽고 북학파, 북벌파, 백성의 입장에서 뭐라고 답을 할지
이야기해 보세요.

북학파 vs. 북벌파		
북학파	북벌파	백성
(청을 배워서 나라를 발전시키자)	(오랑캐인 청에게 복수하고 조선의 고유한 전통을 지키자)	

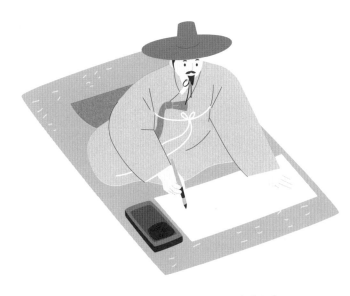

고전에서 배우는 상식

• 조선 시대 1만 냥의 가치는 얼마였을까?

17세기의 돈인 상평통보 1냥을 2만 원에서 4만 원 정도로 추정하면 1만 냥의 가치는 2억 원에서 4억 원이 됩니다. 변씨는 난생 처음 본 허생에게 억대의 돈을 보증도 없이 빌려준 셈이죠.

18세기 정조 때 쌀 1섬의 평균 가격은 5냥이었다고 해요. 1섬은 144kg이고 지금 쌀 20kg가 6만 원 정도이니 144kg는 42만 원이 되겠지요. 5냥을 42만 원으로 본다면 1냥은 84,000원이에요. 그렇다면 18세기의 1만 냥은 8억 4천만 원이 되겠네요.

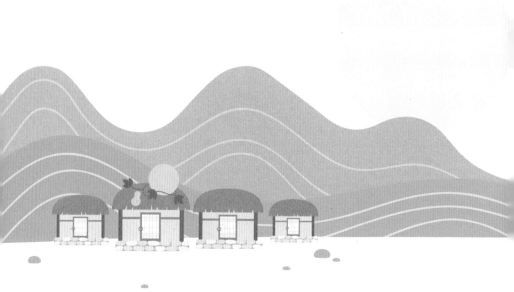

- 10푼: 1전
- 10전: 1냥
- 10냥: 1관
- 100냥: 1문

당시 닭 한 마리는 2전. 2전이면 0.2냥이니 16,800원
짚신 한 켤레는 5푼. 5푼은 0.05냥이니 4,200원
초가집은 약 5냥. 5냥은 쌀 1섬. 쌀 1섬은 현재 시가 42만 원
기와집은 150냥. 초가집의 30배이니 1,260만 원

양반전

"학문하는 길에는 따로 방법이 없다.
모르는 것이 있으면 길가는 사람이라도 잡아서 묻는 것이 옳고,
또한 종이라고 하더라도
나보다 하나라도 많이 알면 반드시 배워야만 한다."

책 속으로

강원도 정선에 어질고 독서를 좋아하는 양반이 살았다. 그는 집이 가난하여 해마다 관청에서 관곡을 꿔 먹었고 그 양이 1,000석이 되었다. 관찰사가 관곡을 조사한 후 그를 잡아 가두라고 명하였으나 양반의 형편을 아는 군수는 차마 그를 가두지 못하였다. 양반은 양반 문서를 주면 관곡을 갚아 준다는 마을의 부자에게 양반 문서를 팔아 버린다. 이에 군수는 문서를 작성하여 증거를 남겨 두자며 양반과 부자를 관아로 불러들인다.

"건륭(乾隆) 10년 9월 명문(明文)은 양반을 팔아 관곡을 갚으니 그 값이 1,000곡(斛)이다. 양반은 더러운 일은 하지 말고 옛일을 본받아 뜻을 세운다. 오경(五更, 새벽 세 시에서 다섯 시 사이)에 일어나 유황을 뜯어 기름불을 켜고 눈은 코끝을 보면서 두 발꿈치는 가지런히 한데 모아 엉덩이를 괴어야 하며, 그 자세로 꼿꼿이 앉아 《동래박의(東萊博議)》를 얼음 위에 박 밀 듯이 술술술 외워야 하느니라. 소를 잡지 않고(소고기를 먹지 않고) 노름을 하지 않는다. 이와 같은 온갖 행동이 양반에 어긋남이 있거든 이 문권을 가지고 관가에 나와 바로잡을 것이다."

그러자 부자는 "양반은 신선 같다고 들었는데 이렇게 지켜야 할 일이 많으니 고쳐 주시오."라고 청하였다.

"하늘이 백성을 낼 때 그 백성이 넷이고, 그중 가장 귀한 것이 양반이다. 양

지은이 연암 박지원(1737~1805). 조선 후기의 문신, 실학자, 사상가, 외교관, 소설가 창작 시기 18세기 특징 중고등 국어 교과서 수록. 조선 정조 때 지은 한문 소설《연암집》에 실림.

반은 농사도 하지 말고 장사도 하지 말고 그저 글만 읽으면 크게는 문과에 오르고 작아도 진사는 된다. 문과 홍패(紅牌)는 돈주머니이다. 이웃집 소로 먼저 밭을 갈고, 마을 일꾼을 데려다 김을 매어도 누구도 뭐라 할 수 없다. 너의 머리끝을 잡아 돌리고 수염을 뽑더라도 감히 원망하지 못하는 것이다."

그러자 부자는 "그만두시오! 장차 나를 도둑놈으로 만들 작정이오?" 하며 죽을 때까지 양반의 일을 말하지 않았다.

시크릿한 책 속 이야기

〈양반전〉은 연암 박지원이 양반의 무능함과 특권을 풍자하고 비판하기 위해 쓴 한문 소설이에요. 임진왜란과 병자호란 이후 조선은 신분제가 동요하고 몰락한 양반이 부자가 된 상인에게 양반 문서를 파는 일이 생겨났어요. 또 돈이 있는 사람은 과거 시험을 보지 않아도 돈으로 관직을 살 수 있는 매관매직이 이루어지기도 했지요. 매관매직이 문제가 되는 건 결국 돈을 주고 관직을 산 사람들은 백성에게 돈을 빼앗아 본전을 찾으려 했기 때문이에요.

사람을 신분에 따라 나누는 것은 바람직하지 않지만 그 신분을 돈으로 사고파는 것은 옳은 일인지 아이들과 이야기 나눠 보면 좋겠어요. 〈양반전〉은 수능 기출 문제이기도 해서 중고등 학생들은 꼭 알아야 할 고전이니 챙겨 읽기를 권합니다.

고전에서 배우는 어휘 〈양반전〉 속 어휘

- **동래박의**(東萊博議) 송나라 학자인 동래(東萊) 여조겸(呂祖謙)이 《춘추좌씨전》에 기록된 사건들을 자신의 시각으로 분석하고 평론한 일종의 역사 칼럼집이다.

- **얼음 위에 박 밀 듯** 말을 하는 것이 마치 얼음판 위에서 박을 밀 듯이 거침이 없다는 뜻으로, 말을 아주 유창하게 잘함을 이르는 말이다.

- **매관매직**(賣官賣職) 돈을 받고 벼슬을 사고파는 행위

- **공명첩**(空名帖) 이름이 적혀 있지 않은 백지의 임명장. 공명첩에 자신의 이름을 올리려는 사람들은 권력을 가진 대감의 집 앞에 줄을 서 관직을 사고팔았다. 관직별로 자릿값이 달랐는데 백성에게서 돈을 빼앗기 쉬운 지방 관직일수록 사고파는 비용이 비쌌다. 또, 지방 수령이 부임하던 중에 다른 사람에게 자리를 빼앗기거나 갑자기 해고되는 경우가 많아서 수령이 없는 지방은 혼란한 상황이었다.

고전에서 배우는 역사　시대적 배경

● 〈양반전〉과 〈허생전〉의 시대적 배경

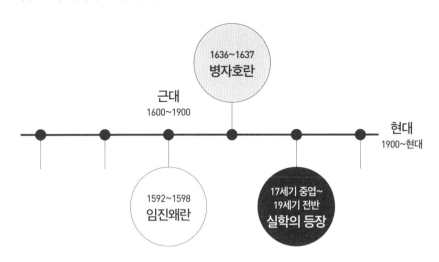

〈양반전〉과 〈허생전〉의 배경은 조선 후기로 임진왜란과 병자호란이라는 큰 전쟁 이후의 시기예요. 이 시기에는 엄격한 신분 질서가 흔들리기 시작했어요. 상업이 발달하고 농사 기술이 발달해서 평민 중에도 부자들이 나타나기 시작했거든요. 국가는 부족한 재정을 채우기 위해 돈 많은 평민에게 돈을 받고 양반의 자리를 팔기도 했답니다.

흥부전, 심청전, 춘향전, 옹고집전, 장끼전, 토끼전(별주부전)

> "금동이의 아름답게 빚은 술은 일천 백성의 피요,
> 옥쟁반의 맛 좋은 안주는 만백성의 기름이라,
> 촛불의 눈물이 떨어질 때 백성의 눈물 떨어지니
> 노랫소리 높은 곳에 원망 소리 높도다." — 춘향전

책 속으로

흥부전   흥부는 가난하여 자식들이 굶을 처지에 놓이자 부자인 형 놀부를 찾아간다. 하지만 형은 도와주기는커녕 밥풀이 붙은 밥주걱으로 동생의 뺨을 때린다. 서럽지만 착한 흥부는 또, 열심히 살아간다. 어느 날 흥부가 다리를 다친 제비를 치료해 주었는데 다음 해 제비가 박씨를 물어다 준다. 어느덧 박이 주렁주렁 매달리자 박을 반으로 자른다. 박에서는 온갖 금은보화가 쏟아져 나오고 흥부는 부자가 된다. 이를 알게 된 놀부는 멀쩡한 제비의 다리를 부러뜨리고 고쳐 주는데 다음 해에 제비가 물고 온 박씨를 심어 열린 박을 켰더니 도깨비와 온갖 불행이 나와 놀부를 벌한다.

심청전   심청은 눈 먼 아버지 심학규를 지극 정성으로 모시며 사는 효녀이다. 어느 날 심봉사는 눈을 뜨게 해 준다는 화주승(시주를 얻어 절의 양식을 대는 중)에게 공양미 삼백 석을 시주할 수 있다고 약속한다. 심청이는 아버지를 위해 자신의 목숨을 공양미 삼백 석과 맞바꾸고 임당수 물속에 빠진다. 그 후에도 심봉사는 눈을 뜨지 못하고 뺑덕어멈과 결혼하여 어렵게 살아간다. 심청의 효심에 감동한 용왕은 심청을 지상으로 올려 보내는데 심청을 황제가 발견

지은이 미상 창작 시기 17~18세기 특징 구전 소설, 판소리계 소설. 서술체 문장에서 보기 어려운 율문적 문장으로 이루어져 의성어, 의태어가 많이 사용.

하고 둘은 결혼하여 심청은 황후가 된다. 황후 심청은 아버지를 찾기 위해 맹인 잔치를 벌이고 아버지와 재회한다. 심봉사는 딸을 만난 기쁨에 눈을 번쩍 뜨고 다른 맹인들도 눈을 뜬다.

춘향전 전라도 남원 기생 월매의 딸인 성춘향은 몸종 향단이와 함께 단오날 그네를 뛰다 양반 이몽룡과 사랑에 빠진다. 몽룡의 하인 방자의 도움으로 둘의 사랑은 남몰래 이루어지는데 남원 부사였던 몽룡의 아버지가 동부승지로 임명되면서 몽룡도 한양으로 떠나게 된다.

춘향은 남원 부사로 부임한 변학도에게 억지로 수청을 들어야 할 상황에 처한다. 결국 변학도의 수청을 거절한 죄로 춘향은 옥에 갇힌다. 기다리던 이몽룡은 거지가 되어 돌아오지만 춘향은 끝내 이몽룡을 배신하지 않는다. 변학도의 생일 잔칫날 이몽룡은 암행어사가 되어 나타나 변학도를 벌한다. 그리고 춘향과 행복한 일생을 보낸다.

옹고집전 옛날 황해도 옹진골 옹당촌에 옹고집이라는 남자가 살았다. 옹고집은 부자였지만 인색하고 심술이 사나웠다. 일꾼을 한시도 쉬지 못하게 들볶고, 중이나 거지가 구걸을 하러 오면 온갖 횡포를 부려 얼씬도 못하게 했다. 어느 날 한 도사가 승려를 옹고집의 집으로 보내 혼내 주려 하는데 오히려 옹고집의 하인에게 매를 맞고 돌아온다. 화가 난 도사는 허수아비를 만들어 부적을 붙이고 가짜 옹고집을 만든다.

가짜 옹고집은 진짜 옹고집의 집에 들어가 자신이 진짜라고 주장한다. 둘은 관아에서 재판을 받는데 진짜 옹고집이 패하여 곤장을 맞고 쫓겨난다. 진짜 옹고집은 비관하였지만 도사에게 받은 부적을 가짜 옹고집에게 던지자 가짜 옹고집은 허수아비가 된다. 이후 옹고집은 자신의 삶을 뉘우치고 착하게 살아간다.

장끼전　추운 겨울 장끼와 까투리가 아홉 아들, 열두 딸과 같이 길을 가다가 눈밭에 놓인 콩을 발견했다. 엄마 까투리는 외딴 곳에 웬 콩이 이리도 많이 떨어져 있냐며 이상하다고 남편을 말렸지만, 아빠 장끼는 "좋은 꿈을 꿨다."면서 콩을 먹어 버린다. 하지만 그건 사냥꾼이 뿌린 미끼였고, 결국 장끼는 덫에 걸린다. 까투리가 걱정하며 울자 장끼는 자기가 죽게 된 것은 남편 복이 없는 까투리 때문이라며 부인을 탓한다.

장끼는 죽기 전 까투리에게 끝까지 "재혼하지 말라."는 말을 남겼지만 까투리는 상례에 참석한 까마귀, 물오리 등 온갖 새들에게 결혼해 달라는 구애를 받는다. 까투리는 성격 좋은 홀아비 장끼와 결혼하여 자식들을 다 결혼시킨 후 죽음을 맞이하는데 물속으로 뛰어 들어가 조개가 된다.

토끼전(별주부전)　동해에 사는 용왕이 병에 걸렸다. 신하들은 왕의 병을 고치려고 갖은 노력을 기울이는데 천년 묵은 잉어가 왕의 병을 고치기 위해서는 토끼의 간을 먹어야 한다고 충고한다. 용왕은 별주부 자라에게 토끼를 잡아 올 것을 명령한다.

별주부는 육지로 올라와 토끼를 만나고 용궁에 가면 행복하게 살 수 있다고 꾀어 토끼를 용궁으로 데리고 가는 데 성공한다. 토끼가 용궁에 들어가자 용왕은 토끼에게 간을 내놓으라 하고, 토끼는 간을 맑은 물에 씻어 감추어 두고 왔다고 꾀를 내어 말한다. 용왕이 이에 속아 토끼를 풀어 주자 토끼는 숲속으로 달아나 버린다.

시크릿한 책 속 이야기

판소리계 소설을 한 데로 묶은 이유는 그 내용을 만화 영화나 동화로 많이 접했기 때문이에요.

《별주부전》은 초등 저학년 교과서에 제재로 등장해 아이들이 역할 놀이를 통해 내용을 익히고 상황을 판단하며 '나라면 어떻게 했을까'를 고민해 볼 수 있는 재미있는 소재로 사용되지요. 《장끼전》도 초등 국어 교과서에 실린 작품으로 '돌다리도 두드려 보고 건너라.'라는 속담과 연결하여 신중한 판단의 중요성을 설명해요. 《옹고집전》은 5학년 국어 교과서에 나오는 '수일이와 수일이'의 원작이라고 볼 수 있어요.

아이들에게 친숙한 판소리계 소설은 권선징악적 내용으로 도덕성을 키워 나가는 시기의 아이들에게 교훈을 줄 수 있어요. 《춘향전》, 《옹고집전》 등의 이야기는 지배층에 대한 비판과 풍자를 보여 주며 조선 시대의 사회상을 미루어 짐작하게 해 줘요. 《심청전》과 《흥부전》은 심청이나 흥부 같은 착한 주인공의 행동을 통해 감동을 주기에 아이들에게 정서적 안정감을 주지요.

또, 이 작품들은 판소리로 부르기 위한 서사를 담고 있어 율동성을 지닌 문장이 생생하며 의성어와 의태어가 읽을 맛을 더해 준답니다. 참고로 판소리는 원래 열두 마당이었는데 현재 다섯 마당만이 전해지고 있어요. 〈춘향가〉, 〈심청가〉, 〈흥부가〉, 〈적벽가〉, 〈수궁가(별주부 타령)〉가 그것이랍니다.

고전에서 배우는 문학   판소리계 소설

- 판소리계 소설의 발전 과정

  근원설화 → 판소리 → 판소리계 소설 → 신소설

근원 설화	판소리	판소리계 소설	신소설
효녀 지은 설화	심청가	심청전	강상련
방이 설화	박타령, 흥보가	흥부전	연의각
구토지설	수궁가, 토별가	별주부전	토의간
열녀 설화	춘향가	춘향전	옥중화

- 판소리의 요소
  - 광대(소리꾼): 소리(창), 아니리(이야기), 발림(몸짓)
  - 고수(북 치는 사람): 추임새(탄성, 얼씨구!). 추임새는 관객 참여도 가능

• 판소리계 소설 중 마음에 드는 이야기를 하나 골라 새로운 이야기로 만들어 봅시다.

제목	
이야기의 장르	코미디 / 액션 / 스릴러 / 판타지 / 멜로 / 엽기 / 공상과학 / 공포 /
이야기의 배경	
등장인물	
사건의 내용 (줄거리)	

사씨남정기

> "자기 나라 말을 버려두고
> 남의 나라 말로 시문을 짓는다는 것은
> 앵무새가 사람의 말을 하는 것과 같다."
> ―《서포만필》

책 속으로

중국 명나라 때 일이다. 명성 높은 선비 유현은 자식을 얻지 못하다 늦은 나이에 아들 연수를 낳았다. 유연수는 15세에 장원 급제하여 한림학사가 된다. 유연수는 사씨 성을 가진 여인과 결혼하였는데 9년이 지나도록 자녀가 생기지 않는다. 사씨는 대를 이어야 할 자녀를 낳지 못하는 자신을 탓하며 유연수에게 교씨와 결혼하여 아이를 낳으라고 설득한다. 수차례 거절 끝에 유연수는 교씨를 맞아들이고 교씨는 아들을 낳는다. 사씨는 어질고 고운 여인이었으나 교씨는 욕심이 많고 악한 여인이었다. 교씨는 사씨를 모함하여 쫓아낸다. 교씨는 유연수의 재산을 빼앗기 위해 동청이라는 선비와 짜고 유연수를 모함하여 유배를 가게 한다.

교씨는 지방 관원이 된 동청을 따라나서는데 도적 떼를 만나 재산을 모두 빼앗긴다. 동청은 온갖 만행을 저지르고 유연수를 무고한 것이 드러나 처형의 위기에 처한다. 유배가 풀린 유연수는 교씨와 동청에게 속은 것을 깨닫고 미안한 마음에 사씨를 찾아 나서고 둘은 비로소 만나게 된다. 유연수는 사씨에게 사과하고 고향으로 돌아와서 교씨와 동청을 잡아 벌하고 사씨를 다시 정실 부인으로 맞이한다.

지은이 서포 김만중(1637~1692). 홍문관 대제학을 지낸 조선 시대 중후기의 문신이자 소설가 창작 시기 17세기 특징 한글 소설, 가정 소설, 목적 소설

시크릿한 책 속 이야기

《사씨남정기》는 초등학생들에게 설명하기에는 다소 어려운 면이 있어요. 정실부인과 후처의 등장, 정실부인을 모함한 후처, 모략으로 남편을 유배 보내는 후처. 이건 마치 막장 드라마 수준의 이야기라 할 수 있지요. 그럼에도 《사씨남정기》가 수능 기출 문제로 자주 출제되는 이유는 고전으로서의 가치가 있기 때문이에요.

김만중은 유배 중에 이 소설을 썼다고 해요. 김만중이 유배를 간 이유와 함께 《사씨남정기》를 해석해 보면 고전 속에 숨어 있는 조선의 정치 상황을 알 수 있어요.

당시 왕은 숙종이었어요. 숙종의 후궁이었던 장희빈은 온갖 계략으로 인현왕후를 내쫓고 자신이 중전이 되려고 하죠. 김만중은 이에 반대하다 유배를 가게 된 것이에요. 김만중은 장희빈을 교활한 첩 교씨로, 어진 왕비 인현왕후를 사씨로 설정하고 소설을 썼던 게 아닐까요? 그런 의미에서 이 소설은 '목적 소설'이라고 볼 수 있어요. 아이들과 내가 사씨라면 교씨를 남편에게 소개할 수 있었을지, 또 나라면 사씨처럼 모함을 받았을 때 오해를 풀기 위해 노력하지 않고 집을 떠났을지 등을 이야기해 봐도 좋겠어요.

고전에서 배우는 어휘 《사씨남정기》속 어휘

事 必 歸 正

일 **사**　반드시 **필**　돌아갈 **귀**　바를 **정**

사필귀정

모든 일은
반드시 바른 길로 돌아간다.

勸 善 懲 惡

권할 **권**　착할 **선**　징계할 **징**　악할 **악**

권선징악

착한 것은 권하고,
악한 것은 벌을 받는다.

• 아래 글을 읽고 사필귀정이나 권선징악 중 하나의 사자성어를 넣어 뒷이
야기를 완성해 보세요.

옛날 옛적에 콩쥐는 새엄마의 구박을 받으며 살았어요. 마을 잔칫날 새
엄마는 "잔칫집에 오려거든 옷감 다섯 필을 짜고, 벼 다섯 섬을 찧어 놓고,
항아리에 물을 가득 채우거라." 하고 말하고는 동생 팥쥐만 데리고 가 버
려요. 새엄마가 시킨 일은 콩쥐 혼자서는 절대 할 수 없는 일이었죠. 항아
리는 바닥에 구멍이 나서 아무리 물을 채워도 채워지지 않았어요. 그때 두
꺼비가 나타나 항아리의 구멍을 막아 주고, 참새들이 날아와 벼의 껍질을
벗겨 주었어요. 하늘에서 선녀가 내려오더니 옷감도 짜 주었어요.
새엄마가 시킨 일을 모두 마친 콩쥐는 비단 옷에 꽃신을 신고 집을 나섰
지요. 그런데 그만 개울을 건너다 꽃신 한 짝을 떨어뜨리고 말았어요. 마침
그곳을 지나던 원님이 꽃신을 발견하고 주인인 콩쥐를 찾게 되었어요. 콩
쥐를 본 원님은 한눈에 콩쥐에게 반하고 둘은 결혼해서 행복하게 살았답
니다.
콩쥐가 행복하게 사는 모습에 질투가 난 팥쥐는 콩쥐에게 못된 짓을 하
게 되는데…….

운수 좋은 날

빛나는 한 문장

> "설렁탕을 사다 놓았는데 왜 먹지를 못하니,
> 왜 먹지를 못하니…….
> 괴상하게도 오늘은 운수가 좋더니만……."

책 속으로

　동소문(종로구) 안에서 인력거꾼으로 살아가는 김첨지는 열흘 넘게 돈을 벌지 못했다. 하루 벌어 하루 먹는 살림에 아픈 아내는 배를 곯고 약도 지어 먹지 못한다. 비가 추적추적 오는 날 김첨지가 일을 하러 나가려는데 아내가 아프다며 오늘은 일을 하러 나가지 말라고 그를 말린다. 하지만 그는 아내를 거칠게 뿌리치고 집을 나선다. 평소와 달리 오늘은 운수 좋게도 많은 손님을 받아 큰돈을 벌게 되었다.

　운수가 좋은 날인데 이상하게도 김첨지는 왠지 모를 불안감에 시달리지만 애써 외면한다. 일을 마치고 집에 들어가기가 마음 불편한 김첨지는 선술집에서 친구 치삼을 만나 술을 마신다. 그리고 평소 설렁탕 국물을 먹고 싶어 했던 아내를 위해 설렁탕을 사 들고 집에 들어갔는데 아내의 기침 소리가 들리지 않는다. 방에 들어가 보니 아내는 이미 죽어 있었다. 차갑게 식은 아내의 얼굴을 매만지며 김첨지는 "설렁탕을 사다 놓았는데 왜 먹지를 못하니, 왜 먹지를 못하니……. 괴상하게도 오늘은 운수가 좋더니만……."이라 말하며 절규한다.

지은이 현진건(1900~1943). 사실주의의 선구자. 대한제국과 일제강점기의 작가, 소설가, 언론인, 독립운동가   창작 시기 1924년 일제강점기   특징 1924년 6월《개벽》에 발표한 사실주의 단편소설

시크릿한 책 속 이야기

〈운수 좋은 날〉은 우리나라의 대표 단편소설이에요. 중고등 교과서에 실려 있을 만큼 유명한 소설이지요. 아이러니, 반전, 복선, 사실적 묘사 등 여러 문학적 장치를 보여 주는 작품이라고 볼 수 있어요.

〈운수 좋은 날〉은 일제강점기 하층민의 비극적 삶을 보여 주는 작품이에요. 아침부터 운수가 좋았던 김첨지에게 이상하게도 하루 종일 행운이 따르죠. 하지만 집에 돌아와 보니 아내가 죽어 있었어요. 운수 좋은 날이 아내가 죽어 버린 가장 슬픈 날이라는 아이러니를 보여 주어요. 나가지 말라고 붙잡는 아내의 행동, 겨울에 내리는 비는 슬픈 결말의 복선 역할을 한다고 볼 수 있고요.

일제강점기를 배경으로 한 다른 작품도 찾아 읽어 보면서 당시의 생활상도 살펴보고 사실주의가 무엇인지에 대해 공부해 보면 좋을 것 같아요.

고전을 통해 키우는 문해력　소설 속에 숨은 의미

• 〈운수 좋은 날〉에서 '설렁탕'이 의미하는 것은 무엇일까요?

• 사랑하는 사람에게 마지막으로 한 가지 선물을 할 수 있다면 누구에게 어떤 선물을 하고 싶나요? 그리고 그 이유는 무엇일까요?

선물하고 싶은 사람	
선물하고 싶은 물건	
이유	

※설렁탕의 의미: 아내에 대한 사랑, 관심, 미안함 등

• 〈운수 좋은 날〉의 내용과 어울리는 속담을 연결해 보세요.

그야말로 재수가 옴 붙어서 근 열흘 동안
돈 구경도 못한 김첨지는 십 전짜리 백동
화 서 푼 또는 다섯 푼이 찰칵하고 손바닥   ●   ● 다람쥐 쳇바퀴 돌 듯
에 떨어질 제 거의 눈물을 흘릴 만큼 기뻐
했었다.

사람 다니는 길과 전찻길 틈에 인력거를
세워 놓고 자기는 그 근처를 빙빙 돌며 행   ●   ● 엎친 데 덮친 격
세를 관망하기로 하였다.

집의 광경이 자꾸 눈앞에 어른거리어 인
제 요행을 바랄 여유도 없다.   ●   ● 쥐구멍에도 볕 들 날 있다.

병이 이토록 심해지기는 열흘 전에 조밥
을 먹고 체한 때문이다.   ●   ● 바늘방석에 앉은 것 같다.

사랑 손님과 어머니

"아저씨, 아저씨도 삶은 달걀 좋아하우?"

책 속으로

여섯 살 난 옥희는 세상에서 제일 예쁜 어머니와 외삼촌과 산다. 아버지는 옥희가 이 세상에 나오기 한 달 전에 돌아가셨다. 어느 날 큰외삼촌이 낯선 손님을 데리고 왔다. 손님은 큰외삼촌의 친구이자 돌아가신 옥희 아버지의 친구였다. 손님은 이제 옥희네 사랑방에서 하숙을 하기로 했다.

하루는 사랑 아저씨가 점심을 드시고 계셨는데 옥희가 아저씨에게 무슨 반찬이 제일 맛있냐고 물었더니 삶은 달걀이라 했다. 옥희는 어머니께 그 말을 전했다. 그 다음부터 어머니는 달걀을 많이 사서 달걀 반찬을 자주 하셨다. 어느 토요일 오후, 아저씨와 뒷동산에 갔다가 돌아오는 길에 "아저씨가 아빠였으면 좋겠다."고 말했더니 아저씨 얼굴이 홍당무처럼 빨개졌다. 유치원에서 꽃을 가져다가 어머니께 드리면서 "사랑방 아저씨가 갖다주라고 했다."고 거짓말을 했더니 어머니의 얼굴도 빨개졌다. 어머니는 그 꽃을 풍금 위의 꽃병에 꽂아 두고는 그날 밤 풍금을 쳤다. 아저씨가 밥값이라며 하얀 봉투를 어머니께 가져다드리라고 해서 심부름을 하니 어머니 얼굴이 또 빨개졌다. 어머니는 손수건을 아저씨께 가져다드리라고 했고, 그걸 받은 아저씨의 얼굴은 새파랬다.

며칠 뒤 아저씨는 기차를 타고 떠나고 어머니와 옥희는 뒷동산에 올라 기차가 사라질 때까지 서서 지켜봤다. 달걀 장수가 왔지만 어머니는 이제 달걀 먹을 사람이 없다며 사지 않았고 옥희가 준 꽃도 버리라고 했다.

지은이 주요섭(1902~1972). 소설가, 언론인, 독립운동가, 영문학자. 3.1 독립만세운동에 참가하고 《독립신문》을 발간했다. 창작 시기 1935년 일제강점기   특징 여섯 살 난 어린아이의 시선으로 서술된 1인칭 관찰자 시점의 작품

시크릿한 책 속 이야기

〈사랑 손님과 어머니〉는 여섯 살 옥희의 눈으로 본 어른들의 세계를 그린 1인칭 관찰자 시점의 소설이에요. 1인칭 관찰자 시점을 통해 어머니와 사랑방 손님의 사랑을 순수하게 보여 주고 있죠.

1인칭 관찰자 시점의 장점은 주인공의 생각과 행동을 독자가 판단할 수 있게 해 주는 거예요. 독자는 '나'인 옥희가 전하는 이야기를 듣고 어머니의 심리나 성격을 판단해요. 이때 표정이나 행동을 통해 어머니의 심리를 추측할 수는 있지만 어머니가 아저씨를 어떻게 생각하는지 정확하게 알 수는 없어요. 하지만 독자는 주인공의 마음을 상상하면서 긴장감과 신비감을 느낄 수 있어요.

〈사랑 손님과 어머니〉는 사랑 손님과 어머니가 서로 좋아하지만 과부가 재혼하기 어려운 시대 상황 때문에 이루어질 수 없는 무거운 주제를 다뤄요. 하지만 옥희라는 어린아이의 입을 통해 전달되고 묘사되는 상황으로 소설의 분위기가 무겁지 않게 흘러가요.

고전에서 배우는 문학　소설의 시점

• 소설에서 이야기를 서술하여 나가는 방식이나 관점을 '시점'이라고 해요.

❶ 1인칭 주인공 시점　주인공인 '나'가 내 이야기를 풀어나가는 방식으로 주인공의 심리가 자세하게 표현됨.
　예) 알퐁스 도데의 〈별〉

❷ 1인칭 관찰자 시점　내가 다른 사람을 관찰하며 이야기를 풀어나가는 방식으로 주인공을 객관적으로 표현함.
　예) 주요섭의 〈사랑 손님과 어머니〉

❸ 3인칭 관찰자 시점(작가 관찰자 시점)　소설 밖에서 '그' 혹은 '그녀'를 객관적으로 관찰하여 표현함.
　예) 황순원의 〈소나기〉

❹ 전지적 작가 시점　작가가 신처럼 등장인물의 마음, 성격, 행동 등 모든 것을 알고 있어 등장인물의 심리 변화도 자세히 설명함.
　예) 허균의 《홍길동전》

• 〈사랑 손님과 어머니〉는 1인칭 관찰자 시점으로 쓰여 있어 사랑 손님과 어머니를 바라보는 옥희의 시선이 순수해서 친근하게 느껴지죠. 하지만 이 작품 속에는 작가가 숨겨 놓은 의미 있는 장치들이 있답니다.
이 소설에서 인물의 심리와 관련된 소재를 찾아보고, 그것이 어떤 역할을 하는지 생각해 봐요.

제목	의미나 역할
예) 삶은 달걀	아저씨에 대한 어머니의 사랑
꽃	
풍금	

금오신화(이생규장전)

> "좋은 인연이 되려는지 나쁜 인연 되려는지
> 부질없는 이 내 시름 하루가 일 년 같아라."

책 속으로

어느 봄날, 개성에 사는 이생은 선죽교 근처에서 최씨라는 귀족 집안의 아름다운 여인을 만난다. 그녀의 아름다움에 반한 이생은 사랑을 가득 담은 글을 써서 담 너머로 던진다. 이후 그들은 사랑에 빠지지만 신분 차이로 혼인이 어려운 상황이 되었다. 이를 눈치챈 이생의 아버지는 그를 먼 곳으로 보내 버린다. 이에 최씨 여인이 앓아눕자 그녀의 부모가 나서 그들의 인연을 이어 주었다. 두 사람은 부부가 되고 이생은 과거에 합격한다.

그러나 얼마 지나지 않아 홍건적의 난이 일어나고 온 가족이 뿔뿔이 흩어진다. 이생은 겨우 살았지만 아내는 도적들의 칼에 맞아 죽고 만다. 그런데 죽었던 그녀가 다시 돌아왔다. 이생은 아내가 이미 죽은 줄 알면서도 반갑게 맞아 평상시와 다름없이 행복하게 산다. 그러던 어느 날 아내가 자기는 이미 죽은 사람이라며 이제는 떠날 때가 되었다고 울면서 사라져 버린다. 이생도 몇 달 후 아내의 뒤를 따라 세상을 떠나고 만다.

지은이 김시습(1435~1493). 우리나라 최초의 소설가. 조선 초기의 문인, 학자이자 불교 승려. 생육신. 창작 시기 15세기. 일본에서 전해 오던 목판본(1884년)을 최남선이 발견하여 1927년 잡지《계명》에 소개 특징 조선 최초의 한문 단편소설로 다섯 편의 기묘한 이야기가 전해지고 있음.

시크릿한 책 속 이야기

《금오신화》는 조선 세조 때 김시습이 지은 최초의 한문 소설집이에요. 1884년 일본에서 간행된 목판본을 1927년 최남선이 소개하면서 세상에 알려졌지요. 창작 당시에는 몇 편이었는지 확실치 않고 현재 전해지는 이야기는 〈만복사저포기〉, 〈이생규장전〉, 〈취유부벽정기〉, 〈남염부주지〉, 〈용궁부연록〉의 다섯 편이에요.

김시습은 단종이 폐위되었을 때 벼슬을 버리고 절개를 지킨 생육신 중 한 명이에요. 이 책은 김시습이 경주 금오산(지금의 남산)에서 지은 이야기라 하여 '금오신화'라는 제목이 붙었어요. 초등학생 아이들이 읽기엔 다소 어려운 이야기와 한자어가 많지만 어린이를 위한 금오신화도 있으니 읽어 보면《해리포터》에 견줄 만큼 환상적인 이야기에 매료될 거예요.

김시습은《금오신화》를 통해 조카를 폐위시키고 폭력으로 임금의 자리에 오른 세조와 의리를 저버린 선비들을 꾸짖고 있어요. 또, 어지러운 세상에서 유능한 인재가 뜻을 펼치지 못함을 안타까워하고 비판하면서 인생의 허망함도 말하고 있어요.

조선 초 최대의 사건 '계유정난'에 대해 공부해 보면서 고전을 함께 읽는다면 더 재미있을 거예요.

고전에서 배우는 역사 계유정난

- 계유정난(癸酉靖難) 1453년(단종 1년) 11월 10일에 일어난 정변으로 당시 수양대군이 어린 조카 단종의 왕위를 빼앗은 사건을 말해요.
 문종이 죽고 열두 살의 어린 단종이 왕이 되자 삼촌이었던 수양대군은 군사를 일으켜 김종서, 황보인 등 정치적 반대파를 제거하고 정권을 장악했어요. 왕권을 잡은 수양대군이 바로 조선 7대 왕 세조예요.
 이때 단종의 편에서 끝까지 의리를 지킨 신하에는 김시습을 포함한 생육신과 성삼문, 박팽년 등의 사육신이 있어요.

- 사육신(死六臣) 단종의 복위를 도모하다 발각되어 세조에게 죽임을 당한 여섯 명의 신하를 말해요. 성삼문, 박팽년, 이개, 하위지, 유성원, 김문기를 사육신이라 해요.

- 생육신(生六臣) 세조가 단종의 왕위를 빼앗자 벼슬을 버리고 절개를 지킨 여섯 명의 신하를 말해요. 김시습, 성담수, 원호, 이맹전, 조려, 남효온이 생육신이지요. 살아남은 신하라 하여 사육신과 구별하기 위해 생육신이라 한답니다.

사육신묘역
ⒸAsfreeas

고전에서 배우는 역사 홍건적의 난

• 《금오신화》의 〈이생규장전〉에서 이생은 '홍건적의 난'으로 사랑하는 아내를 잃어요. 중국에서 일어난 전쟁에 왜 고려 사람들이 피해를 입었을까요?

'홍건의 난' 또는 '홍건적의 난'은 중국 원나라 말기에 일어난 농민 반란 운동이에요. 그들이 머리에 붉은 수건을 둘렀기 때문에 붉을 홍(紅) 자를 써서 '홍건적'이라는 이름이 붙었지요. 몽골족이 중국을 지배하는 동안 고통스러운 나날을 보내야 했던 한족은 1351년 백련교라는 종교적 비밀 결사를 기반으로 홍건적의 난을 일으켰어요.

원나라의 공격으로 만주로 밀려난 홍건적은 1359년 겨울, 얼어붙은 압록강을 넘어 고려를 공격하였어요. 1361년의 2차 침공 때는 홍건적 20만 명이 고려에 쳐들어왔어요. 고려는 한때 개경이 함락되어 공민왕이 경상도 안동까지 피신하는 등 타격을 받았으나 당시 고려의 장군이었던 이성계가 홍건적과 싸워 큰 공을 세우지요. 하지만 홍건적의 난으로 심각한 피해를 입은 고려는 약해지고 결국 망하게 됩니다.

구운몽

빛나는 한 문장

"어떤 것이 꿈이고 어떤 것이 꿈이 아닌가."

책 속으로

중국 당나라 때 남악 형산 연화봉에서 부처님의 말씀을 전하는 육관대사가 있었다. 성진은 그의 제자 중 최고였다. 어느 봄날, 성진은 육관대사의 심부름으로 용궁에 갔다가 용왕이 권하는 술을 석 잔 마신다. 돌아오는 길에 다리 위에서 여덟 선녀를 만난 성진은 그 미모에 반해 세상으로 나아가 부귀와 영화를 누리고 싶어진다. 이를 알아챈 육관대사는 성진과 여덟 선녀를 지옥으로 보냈고 그들은 인간으로 환생한다.

성진은 당나라 수주현에 사는 양처사와 유씨 부인의 아들 양소유로 다시 태어난다. 양소유는 15세에 과거를 보러 길을 나섰다가 여덟 선녀의 환생인 진채봉, 계섬월, 정경패, 가춘운, 적경홍, 난양공주, 심요연, 백능파를 차례로 만나 인연을 맺는다. 양소유는 이들과 결혼하고 자녀를 낳아 행복하게 살며 전쟁에서 공을 세워 높은 지위까지 오른다. 70세에 은퇴한 양소유는 역대 영웅들의 황폐한 무덤을 보고 문득 인생의 무상함을 깨닫는다. 그때 홀연히 나타난 스님이 지팡이로 난간을 두어 번 세게 치니 흰 구름이 양소유 주위를 감쌌다가 걷히면서 양소유는 젊은 성진의 모습으로 돌아온다.

육관대사 앞에 앉은 성진은 양소유의 삶이 일장춘몽(一場春夢), 즉 봄날에 꾼 꿈임을 깨닫는다. 팔선녀도 머리를 깎고 비구니가 되어 부처님의 말씀을 전하다가 모두 극락세계로 돌아간다.

지은이 서포 김만중(1637~1692). 홍문관 대제학을 지낸 조선 시대 중후기의 문신이자, 소설가 창작 시기 1687년 특징 중국 당나라를 배경으로 함. 한글 소설, 몽자류 소설, 영웅 소설

시크릿한 책 속 이야기

《구운몽》은 조선 숙종 때 김만중이 지은 고전 소설이에요. 17세기는 서인과 남인의 당파 싸움이 한창인 때였어요. 김만중은 서인의 핵심 인물이었는데, 38세에 첫 귀양을 가요. 마지막 귀양지는 경남 남해였는데 그는 이곳에서 55세로 삶을 마감해요. 긴 시간 유배 생활을 했던 것이지요. 《구운몽》은 자신을 걱정하는 어머니를 위로하기 위해 유배지에서 하룻밤 만에 지었다고 해요.

이 소설에는 조선 시대의 세 종교인 유교, 불교, 도교의 내용이 들어 있어요. 입신양명(立身揚名)이 이야기 바탕에 깔려 있고, 신선 사상이 이야기 전체를 끌어가며, 인생무상(人生無常)과 일장춘몽(一場春夢)이라는 불교적 세계관이 작품 전체에 녹아 있어요.

'구운몽(九雲夢)'은 '아홉 개의 구름 같은 꿈'이란 뜻이지요. 아홉 '구'는 주인공 성진과 여덟 명의 선녀를 뜻한다고 해석하기도 해요. 구름 '운'은 인생이 구름같다, 즉 인생무상을 이야기해요. '몽'은 현실에서 꿈으로 빠졌다가 다시 현실로 돌아오는 '환몽 구조'의 작품이라는 것을 말하고 있어요.

《구운몽》은 한글 소설이에요. 조선 시대에 한글은 여자들이 쓰는 말이라 하여 '암글', '언문'이라 부르며 천하게 여겼어요. 그러한 때 '한글로 쓴 작품이 진정한 우리 문학'이라 한 김만중은 우리 소설의 개척자라 할 수 있어요.

고전에서 배우는 어휘 《구운몽》 속 어휘

- 입신양명(立身揚名)　몸을 바로 세워서 이름을 드날린다는 뜻으로, 사회적으로 그 실력을 인정받아 출세를 하여 세상에 이름을 알린다는 뜻이다.

- 인생무상(人生無常)　인생이 덧없음을 이르는 말. 인간의 삶은 언제든 변할 수 있다는 뜻이다.

- 일장춘몽(一場春夢)　봄에 꾼 한바탕의 꿈. 인생의 덧없음을 의미한다.

- 극락세계(極樂世界)　극락(極樂)은 불교에서 말하는 죽음 이후의 세계를 말하며 온통 즐거운 일만 가득한 세계를 뜻한다.

고전을 통해 키우는 문해력 생각 넓히기

• 성진처럼 다른 사람으로 다시 태어난다면 어떤 사람으로 태어나고 싶나
  요? 그 이유는 무엇인가요?

다시 태어난다면?	이유
예) 빌 게이츠	세계에서 가장 유명하고 부자이며 똑똑하니까.

동백꽃

"봄 감자가 맛있단다. 느 집엔 이거 없지?"

책 속으로

'나'는 소작농의 아들이다. 그런데 마름의 딸인 점순이가 나를 자꾸 괴롭힌다. 나만 괴롭히면 참겠는데 자기네 힘센 수탉과 우리 집 수탉을 싸움 붙인다. "봄 감자가 맛있단다. 느 집엔 이거 없지?"라고 나를 놀리면서도 사람들 몰래 삶은 감자를 줬다. 하지만 내가 거들떠보지도 않고 거절하자 그 이후 심술이 더 심해졌다. 나는 번번이 싸움에서 지는 우리 집 수탉에게 고추장을 먹이기도 하지만 어찌 된 영문인지 우리 닭은 쪼이고 다치기만 한다.

그러던 어느 날 산을 내려오는데 점순이가 또 닭싸움을 시킨다. 나는 화가 나 점순이네 수탉을 때렸는데 그만 죽어 버린다. 정신을 차린 나는 점순이네 수탉을 죽였다는 사실에 울음이 터지고 그런 나를 점순이가 달래 준다. 점순이는 나의 어깨를 짚은 채로 쓰러졌는데 우리 둘은 노란 동백꽃 속에 파묻힌다. 알싸한, 그리고 향긋한 그 냄새에 나는 땅이 꺼지는 듯이 온 정신이 아찔하였다. 잠시 후, 점순이를 찾는 어머니의 소리가 들려 점순이는 산 아래로, 나는 산 위로 도망쳤다.

지은이 김유정(1908~1937). 대한제국과 일제강점기의 소설가　창작 시기 1936년 잡지《조광》 5월호　특징 1인칭 주인공 시점, 일제강점기 농촌의 모습을 자세하게 그림.

시크릿한 책 속 이야기

　　김유정의 〈동백꽃〉은 그의 작품 〈봄봄〉과 함께 널리 알려진 작품이에요. 이 작품 속에는 일제강점기 소작농과 마름이라는 신분의 차이에서 오는 차별, 가난한 소작농의 생활 모습, 농촌의 풍경이 재밌게 표현되어 있어요. 좋아하지만 솔직하게 말하지 못하고 장난을 치거나 오히려 괴롭히는 점순이와 그 마음은 몰라주고 오해만 하는 '나'의 이야기가 풋풋하지요. 싸움닭, 고추장, 감자 같은 옛정이 넘치는 소재는 독자에게 편안함을 주고요.

　　1인칭 주인공 시점인 이 소설은 '나'의 입장에서 세상을 보고, 상대방의 마음도 내 마음대로 해석해 버리죠. 모든 것을 알고 있는 독자는 남의 일기장을 몰래 읽는 것처럼 설레기도 하고 답답하기도 합니다.

　　그런데 '노란 동백꽃에 파묻힌다.'라는 표현에 대해 생각해 볼까요? 동백꽃은 빨간색인데 노랗다고 표현한 것은 '문학적 표현'일까요? 강원도 지역에서는 노란 생강꽃을 '동박꽃'이라 불렀다고 해요. 작품의 배경이 강원도이고 강원도 사투리도 많이 등장한 것으로 보았을 때 노란 동백꽃은 생강꽃이라 보는 게 더 맞을 것 같아요.

고전에서 배우는 어휘 〈동백꽃〉 속 어휘

- 〈동백꽃〉에서 '나'의 아버지는 남의 땅을 빌려 농사를 짓는 '소작농', 나를 괴롭히는 점순이의 아버지는 중간 관리인인 '마름'이에요. 지주도 아닌 마름이지만 가난한 농촌 사회에서 마름의 위세가 대단했나 봅니다. 소작농의 아들인 나는 혹여 중간 관리인 마름의 눈 밖에 났다가 땅을 빌리지 못하게 될까 봐 울음을 터뜨리며 걱정을 하고 있네요.

- 소작농 남의 땅을 빌려 실제로 농사짓는 사람

- 마름 지주를 대신하여 소작농을 관리하는 사람

- 지주 땅 주인

고전에서 배우는 문학　소설의 구성 단계

- 소설의 5단계 구성
  빈 칸의 절정 부분엔 어떤 내용이 들어갈까요?

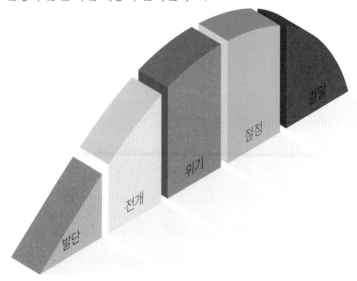

발단	이야기의 시작, 등장인물 소개	점순이 우리 집 수탉을 괴롭히며 나를 약 올린다.
전개	사건이 일어남.	점순이 내게 찐 감자를 주었는데 나는 이를 거절한다.
위기	사건이 위기를 맞음. 등장인물의 갈등	우리 집 수탉은 점순이네 수탉을 이기지 못한다.
절정	갈등의 최고조	
결말	사건의 해결	나는 점순이와 동백꽃 속으로 쓰러진다. → 화해한다.

소나기

> "소녀의 흰 얼굴이, 분홍 스웨터가,
> 남색 스커트가, 안고 있는 꽃과 함께 범벅이 된다.
> 모두가 하나의 큰 꽃묶음 같다."

책 속으로

소년은 소녀가 며칠째 개울가에서 물장난을 치는 걸 지켜본다. 어느 날 소년은 징검다리 한가운데 앉아 있는 소녀를 보고는 길을 비켜 달라는 말을 못한 채 개울둑에 앉아 버린다. 소녀는 건너편에 앉아 구경하던 소년에게 하얀 조약돌을 던지며 "이 바보!"라고 외치고는 갈밭 사잇길로 달아난다. 며칠 후 소녀는 소년에게 저 산 너머에 가자며 말을 건다. 소년은 못 이기는 척 소녀와 길을 나서는데 소녀는 비탈에서 미끄러져 무릎이 까지고 소년은 정성으로 치료한다. 코뚜레도 하지 않은 송아지가 나타나자 소년은 용감하게 송아지 위에 올라타 소녀를 바라보는데 소녀의 모습이 큰 꽃묶음 같다고 생각한다.

갑자기 주위가 보랏빛으로 변하고 소나기가 내린다. 비를 맞은 소녀의 입술은 파랗게 질리고 소녀는 덜덜 떨며 추워한다. 비가 그치고 개울물이 불어나 건너기가 어렵자 소년은 소녀를 업고 개울을 건넌다. 며칠 뒤 소녀는 야윈 얼굴로 개울가에 앉아 있었다. 소녀의 분홍 스웨터엔 소년의 등에 업혔을 때 묻은 검붉은 물이 들어 있었다. 소녀는 대추를 건네며 이사를 간다고 말한다. 마음이 복잡해진 소년은 집에 가는 길에 소녀에게 줄 호두를 따 주머니에 넣는다. 어느 밤 소녀에게 전하지 못한 말을 되새기며 후회하는 마음으로 누운 소년 곁에서 아버지와 어머니는 소녀가 죽었다고 말한다.

지은이 황순원(1915~2000). 시인이자 소설가   창작 시기 1952년   특징 사춘기 소년과 소녀의
첫사랑을 서정적으로 그린 작품

시크릿한 책 속 이야기

　　황순원의 〈소나기〉는 소년과 소녀의 순수하고 아름다운 첫사랑을 그리고
있어요. 첫사랑을 표현하기 위해 여러 장치들이 등장하죠. 소녀가 던진 조약
돌, 꽃다발, 분홍 스웨터, 대추, 호두, 개울가, 소나기까지 모두 말로 표현하지
는 않지만 '사랑'이라는 감정을 표현하는 소재예요.

　　교과서에 실린 황순원의 〈소나기〉에서는 소녀가 본인이 죽거든 자기 입던
옷을 그대로 입혀서 묻어 달라고 했다는 소년 부모님의 대화로 끝이 나지요.
원래는 소년이 그 소리를 듣고 '흐음' 괴로운 소리를 내자 부모님이 잠꼬대 말
고 어서 자라는 대화문까지 썼는데 몇 줄을 작가가 지웠다고 해요. 이유는 아
마도 소녀가 죽었음을 독자에게 암시하고 여운을 주려고 했던 것이 아닐까 생
각해요. 짧은 내용 속에서 독자가 생각할 수 있는 여운을 주는 게 단편소설이
갖는 묘미라고도 볼 수 있어요.

　　중학교 내신 문제를 보면 이런 감정의 변화를 보여 주는 소재, 소재가 말하
는 의미, 특히 소나기의 의미를 묻는 문제가 자주 출제되고 있어요.

고전을 통해 키우는 문해력 생각 넓히기

• 소나기의 사전적 뜻은 '갑자기 세차게 쏟아지다가 곧 그치는 비'예요.
소설 속 소년에게 소나기란 갑자기 찾아왔다가 사라진 '첫사랑'이 아닐까
요? 소나기로 인해 소년과 소녀는 한층 친해지지만, 소나기로 인해 소녀
의 건강이 악화되고 결국 소녀는 죽고 말지요. 결국 소년에게 소나기는 첫
사랑의 아픔이라고 해석할 수도 있어요.

소재	의미
예) 조약돌	소년에 대한 관심, 사랑, 소녀에 대한 그리움
먹장구름	
대추	
호두	
날로 여물어 가는 개울물	

• 〈소나기〉의 마지막 내용이에요. 이어질 이야기를 상상해서 써 볼까요?

"그런데 참, 이번 계집앤 어린 것이 여간 잔망스럽지가 않아. 글쎄, 죽기 전에 이런 말을 했다지 않아? 자기가 죽거든 자기 입던 옷을 꼭 그대로 입혀서 묻어 달라고⋯⋯."

난중일기

> **必死則生**(필사즉생) **幸生則死**(행생즉사).
> 반드시 죽으려 하는 자는 살고,
> 요행히 살고자 하는 자는 죽을 것이다."

책 속으로

1592년 1월 1일. (설날의 첫 일기) 초 1일. 맑음. 새벽에 동생 여필(汝弼)과 조카 봉(菶), 아들 회(薈)가 와서 이야기를 나누었다. 다만 어머니를 떠나서 다시 남쪽에서 설을 보내니 지극한 그리움을 이길 수가 없다.

1592년 4월 15일. (임진왜란 발발 보고를 받은 후) 15일. 맑음. 국기일(國忌日)이므로 공무를 보지 않았다. 일몰 때 영남 우수사가 보낸 통문을 보니 왜선 구십여 척이 나와 부산 앞 절영도 앞에 정박하였다고 한다. 동시에 온 수사(水使)의 관문(關文)을 보니 왜선 삼백오십여 척이 이미 부산포 건너편에 이르렀다고 한다.

1597년 9월 16일. (명량해전 당시 일기) 16일. 맑음. 이른 아침 별망군이 와서 말하기를 "적선(일본의 배)이 부지기수이며 곧바로 우리 배가 있는 곳으로 향하고 있습니다."라고 하였다. 즉시 전 함대에 명령하여 닻을 올리고 바다로 나가니 백서른이 넘는 적선이 우리 전 함대를 감쌌다. 나는 노(櫓)를 재촉하여 앞으로 돌입한 뒤 지자, 현자, 각양의 총통을 폭풍 우레처럼 난사했고 군관들은 배 위에 빽빽이 서서 비 오듯 난사했다. 적의 무리는 당해내지 못하고 잠깐 다가오다 잠깐 물러나곤 하였는데 우리를 여러 겹으로 에워싼 탓에 전세를 예측할 수가 없었고 나와 같은 배의 병사들은 서로 돌아보며 실색(失色)이 되어

지은이 충무공 이순신(1545~1598). 조선의 명장. 임진왜란 및 정유재란 때 조선 수군의 제독 창작 시기 1592~98년(임진왜란 7년) 동안 쓴 2,539일의 일기 특징 대한민국 국보 76호, 유네스코 세계기록 유산

있었다. 나는 침착하게 타이르며 말하였다. "적이 비록 천 척이라도 우리 배를 대적할 순 없으니 결코 마음이 흔들리지 말고 전력을 다하여 적을 쏘라."

1598년 10월 17일 마지막 일기(노량해전에서 전사 이틀 전) 17일. 어제 복병장 발포 만호(지방 군영의 장수) 소계남과 당진포 만호 조효열 등은 왜의 중간 배 한 척이 군량을 가득 싣고 남해에서 바다를 건너는 것을 한산도 앞바다까지 추격했다. 왜적은 언덕을 따라 육지로 올라가 달아났고, 포획한 왜선과 군량은 명나라 군사에게 빼앗기고 빈손으로 와서 보고했다.

시크릿한 책 속 이야기

《난중일기》는 임진왜란 7년 동안 이순신 장군이 쓴 '일기'예요. 2013년 유네스코 세계기록 유산으로 등재되었어요. 임진왜란에 관한 자료 중 육지에서 벌어진 전투에 관한 자료는 상대적으로 풍부한 반면 해전에 관한 자료는 《난중일기》가 유일해서 그 가치가 높아요. 세계 여러 나라에서 전쟁사를 연구할 때나 전략, 전술을 연구할 때 《난중일기》를 참고한다고 하니 개인의 일기를 넘어서는 놀라운 기록물이라고 할 수 있어요. 또한 《난중일기》를 통해 당시의 날씨나 지형, 백성들의 생활상까지 알 수 있어요. 문학적으로도 문장 수준이 상당히 높은 데다 시(詩)도 포함되어 있어 우리나라의 보물이라 할 수 있지요.

《난중일기》에는 어머니를 향한 이순신 장군의 효심이 가득 담겨 있답니다. 정약용의 《경세유표》에는 이런 문장이 있답니다. "이순신의 《난중일기》를 보니 어머니를 그리워해 밤낮으로 고심하며 지성으로 슬퍼함이 사람을 감동시킬 만하다." 당시의 학자들도 이순신 장군의 효심에 감탄하고 그를 존경했음을 알 수 있는 대목이지요.

- "배를 돌려서 군령(군사상의 명령)을 내리려 해도 적들이 더 대들 것이기 때문에 나아가지도 돌아서지도 못할 진퇴양난(進退兩難)의 형편이 되고 말았다."

進 退 兩 難

나아갈 **진** 물러날 **퇴** 두 **양(량)** 어려울 **난**

나아가는 것과 물러나는 것 두 가지가 다 어려움.
이러지도 저러지도 못하는 어려운 처지를 이르는 말.
예) 토끼가 호랑이를 피해 도망을 가는데 다다른 곳은 낭떠러지였다. 토끼는 이러지도 저러지도 못하는 진퇴양난의 처지에 놓이게 되었다.

전쟁기념관에 전시되어 있는 거북선
ⓒFeth

- 거북선을 처음 발명한 왕은?

  충무공 이순신은 거북선을 만들어 임진왜란에서 큰 승리를 거둡니다. 그런데 거북선을 처음 발명한 건 다른 사람이라고 해요. 바로 조선의 3대 왕 태종 이방원입니다.

  > "거북선의 전법은 많은 적과 충돌하더라도 적이 능히 해하지 못하니(중략) 전승의 도구로 갖추어야 합니다."
  >
  > ─《태종실록》좌대언 탁신의 상소

  조선 초 탁신이 거북선에 대한 상소를 올리자 태종은 어명으로 이를 실행하라고 했다는 기록이 있답니다. 이순신 장군은 이런 기록을 토대로 거북선을 개량해서 세계 전투사에 기록될 대승을 거둔 것이랍니다.

임진록

> "그대들은 이제 날로 더불어 한 가지로
> 왜적을 쳐, 뜻을 이루면
> 아름다운 이름이 동국에 현달할 것이오."

책 속으로

　어느 날 선조가 꿈을 꾸었다. 신하들에게 꿈 해몽을 시키니 영의정 최일경이 왜란이 일어날 징조라고 풀이하였다. 선조는 요망스런 악담을 한다며 그를 부산 동래로 귀양 보낸다. 부산에서 최일경은 왜적이 침입해 온 것을 알게 되고 조정에 이 사실을 알린다.

　조정에서 관군을 보냈으나 패배하고 방위선이 뚫리자 이순신을 비롯하여 여러 인물이 전국에서 일어나 왜적과 맞서 싸운다. 이순신은 승승장구하며 왜적을 물리치고 공을 세우는데, 이를 시기하는 사람들의 모함으로 수차례 고난을 겪는다. 조선군은 참패를 거듭하고 왜군이 계속 한양(서울)으로 올라오자 선조는 의주로 피한다.

　김덕령이 도술로 왜적을 크게 이기고, 김응서는 기생 월선과 왜(일본)의 장군을 죽인다. 이때, 명장 이순신은 바다에서 큰 승리를 거둔 뒤 전사하고, 육지에서는 조선과 명나라의 연합군이 왜적을 물리친다. 김덕령은 수많은 공을 세웠으나 전쟁이 승리로 끝난 뒤 모함을 받고, 강홍립과 김응서는 임진년의 복수를 위해 일본 원정을 떠나지만 실패한다. 결국 사명당(조선의 스님)이 강력한 도술로 왜왕을 굴복시킨 후 항복 문서를 받아 돌아온다.

지은이 작자 미상　창작 시기 17세기 중기　특징 임진왜란을 배경으로 했으나 사실을 과장하고 허구화한 부분이 많음.

시크릿한 책 속 이야기

《임진록》은 고등학교 문학 교과서에 수록되어 있는 군담 소설(군인 소설)이에요. 실제 임진왜란은 이순신의 해전과 권율의 행주대첩 등 몇 가지 전투를 제외하고는 참패한 전쟁인데《임진록》에서는 조선이 크게 승리한 것으로 그려 놓았어요. 임진왜란으로 나라의 곳간은 텅 비었고 백성의 삶은 더 힘들어졌으니 작가는 통쾌한 복수를 통해 독자를 위로하려고 한 것이에요. 사명당, 이순신, 서산대사의 활약으로 왜군을 크게 물리치고, 결국 사명당이 도술로 일본 왕을 항복시켰다는 이야기는 전쟁으로 힘들어하던 백성들에게 큰 기쁨을 주기에 충분했지요.

《임진록》은 국문본과 한문본의 두 종류가 전해져요. 국문본은 왜적에 대한 적개심을 강하게 드러내고 있지만, 한문본은 중국 사람 이여송을 주인공으로 삼아 중국을 높이 보는 '사대주의'적 모습이 드러나 있어요. 사대주의는 큰 나라를 섬기는 사상이에요. 예를 들면 중국을 큰 나라 혹은 형님 나라라고 섬겼던 조선의 모습을 말해요. 한문본에서는 이순신의 비중도 낮고 초반에 한산대첩에서 전사하는 것으로 나오거든요.

《임진록》은 여러 버전으로 알려져 있는데, 임진왜란의 책임을 임금의 책임이 아닌 하늘의 뜻으로 돌리고, 이순신과 같은 조선 장수와 의병의 활약상에 큰 의미를 두지 않는다는 점에서 아쉬움이 있어요. 하지만《임진록》을 통해 임진왜란이 일어날 당시 조선의 상황과 전쟁 진행 과정, 전쟁 이후의 이야기를 재미있게 읽어 볼 수 있다는 점에서 추천합니다.

고전에서 배우는 역사

- 율곡 이이의 십만양병설

  임진왜란이 일어나기 전 신하들은 우리나라도 군사를 기르고 국력을 키워야 한다고 간곡히 말해요. 하지만 당시 왕이었던 선조는 일본을 오랑캐라 여기며 우습게 여겨 말을 듣지 않죠.

  당시 율곡 이이는 군사 10만 명을 훈련시켜야 한다는 '십만양병설'을 주장했다고 해요.

  "미리 군사 10만 명을 교육해서 급한 일이 있을 때에 대비하십시오. 나라 형세의 위태하기가 달걀을 쌓아 놓은 것 같습니다. 군사를 대비하지 않으면 10년을 지나지 아니하여 화가 있을 것입니다."라고 간곡하게 청하지만 선조는 율곡 이이의 말을 들어주지 않죠.

  이후 율곡의 말처럼 왜군이 쳐들어오자 군사가 빈약했던 조선은 크게 화를 입게 됩니다.

- 만약 선조가 신하들의 말을 듣고 군사를 교육하고 훈련시켰다면 임진왜란은 일어났을까요? 각 사람의 입장이 되어 임진왜란에 대한 '변명'을 해 보세요.

선조	신하	백성
왜국이 이렇게 강한 나라인지 몰랐어	난 분명히 군사를 훈련시켜야 한다고 주장했어	난 먹고살기도 바빴어. 그런 건 정치인들이 해야 하는 거 아니야?

변명

변명

변명

현직 교사가 알려 주는

논술 고전 50
동양 고전

사기열전

"그 사람을 알지 못하면 그의 친구를 보라."

책 속으로

- 추운 계절이 되고 나서야 비로소 소나무와 잣나무가 시들지 않는다는 것을
  안다. 세상이 다 흐려졌을 때 비로소 깨끗하고 맑은 사람이 드러난다.
  ─백이열전
- 말이 요령을 얻으면 세상의 다툼을 해결할 수 있다. ─골계열전
- 복숭아나무와 배나무는 말이 없지만 그 밑으로 절로 길이 난다.
  ─이장군열전
- 세상은 온통 흐린데 나만 홀로 맑고, 모두가 취해 있는데 나만 멀쩡하게 깨
  어 있구나. ─굴원, 가생열전
- 도는 높을수록 몸이 편안해지고, 권세는 높을수록 위태로워진다. 눈부신 권
  세에 매달리면 몸을 망치는 것은 시간문제다. ─일자열전
- 대장부가 기껏해야 죽지 않는 정도에 만족할 수 있는가. 이왕에 죽으려면
  세상에 큰 명성을 남겨야 하는 게 아닌가. ─진섭세가
- 지혜는 일을 결행하는 힘이 되며, 의심은 일을 방해하는 장애가 된다.
  ─회음후열전
- 태산은 한 줌의 흙도 사양하지 않았기에 그렇게 높고, 강과 바다는 작은 물
  줄기조차 가리지 않았으므로 그렇게 깊은 것이다. ─이사열전

지은이 사마천(기원전 145~약 기원전 90). 기원전 145년경부터 한무제 때까지 2,000년의 역사를 기록한 사관(史官) 창작 시기 기원전 108~91년 특징 중국 최고의 역사서. 황제와 장군의 성공과 실패뿐 아니라 평범한 사람들의 이야기도 다룸.

시크릿한 책 속 이야기

총 130권의《사기》중 70권에 달하는《사기열전》은 한 권에 한 명부터 수십 명의 인물을 기록하고 있어요. 등장하는 인물만 500여 명이 된다고 하지요. 앞서 소개한《채근담》이 삶에 대한 명언을 담고 있다면《사기열전》은 옛 사람들의 삶과 말을 통해 지혜와 지식을 쌓을 수 있는 역사서이기도 하답니다.

《사기열전》은 훌륭한 사람의 이야기만 담지 않았어요.《골계열전》에는 풍자꾼(코미디언),《일자열전》에는 점쟁이,《영행열전》에서는 아첨꾼의 이야기도 담겨 있어요. 무려 1,300여 개의 직업이 언급되었다고 하니 그 직업에 대한 재미난 이야기를 들을 수 있답니다.

역사서를 열심히 집필하던 사마천은 한무제에게 바른 말을 했다가 노여움을 사서 사형 선고를 받았는데 역사서를 쓰겠다는 아버지와의 약속을 지키기 위해 '궁형'을 받고 환관(내시)이 되는 시련을 겪는답니다. 궁형은 남성의 성기를 제거하는 것을 말해요. 중국의 전국시대 범죄자에게는 선택권이 있었대요. 사형과 궁형 중 선택할 수 있었다고 합니다. 사마천은 자존심을 버리고 매달린 끝에 중국 최고의 역사서를 만들 수 있었던 거죠.

그의 열정으로 만든《사기(史記)》는 훗날《삼국지》,《한서》등에 영향을 주었고, 동아시아 역사서의 표준이 되었답니다. 고려의《삼국사기》와 조선의《고려사》도 영향을 받았다니 사마천은 참 훌륭한 역사학자였어요.

고전에서 배우는 상식

• 《사기》가 최초의 기전체 역사서라고?

《사기》는 '기전체' 형식으로 서술된 최초의 역사서예요. 기전체는 사건과 인물을 중심으로 역사를 기록하는 방법이에요. 사마천의 《사기》 이후 기전체로 서술된 많은 역사서가 나왔답니다.

인물을 기준으로 쓰면 많은 영웅들이 등장하고, 영웅들이 펼치는 활약도 생생하게 그릴 수 있으니 독자는 시간의 흐름대로 쓰인 역사서보다 기전체 역사서가 더 흥미롭겠죠.

그럼 《사기》 이전 역사서는 어떤 방식이었던 걸까요? 바로 '편년체'예요. 편년체는 역사적 사실을 시간의 흐름에 따라 기술하는 방법이랍니다. 물론 《사기》 이후로도 《조선왕조실록》처럼 시간의 순서가 중요한 것은 편년체로 쓰기도 했답니다.

고전에서 배우는 어휘 《사기열전》의 고사성어

- 와신상담(臥薪嘗膽) '장작 위에 누워 쓴 쓸개를 먹는다.'는 뜻. 원수를 갚고자 힘든 생활을 견디는 모습이다.

- 토사구팽(兔死拘烹) '토끼가 죽으면 사냥개를 삶는다.'는 뜻. 필요할 때는 쓰고 필요가 없어지면 버리는 상황이다.

- 어부지리(漁父之利) '어부의 이익'이라는 뜻. 쌍방이 다투는 사이에 제3의 사람이 힘도 들이지 않고 이익을 본다.

- 교토삼굴(狡兔三窟) '영리한 토끼는 굴을 세 개 판다.'는 뜻. 현명한 사람은 뒷일을 대비하여 여러 방법을 마련해 둔다.

- 고사성어 중 하나를 골라 짧은 글짓기를 해 볼까요?
   예) 어부지리: 체육 시간에 피구를 하는데 3반 서우와 시율이가 공을 들고 싸워서 '어부지리'로 우리 반이 이겼다.

삼국지연의

> "사람 그릇이 크고 작음은
> 그 지위가 높고 귀해질 때 가장 잘 드러나는 법이다."

책 속으로

184년 중국 한나라 말기 부정부패로 백성들의 생활이 가난해지자 도처에서 난이 일어난다. 장각이 농민을 이끌고 '황건적의 난'을 일으키자 나라에서는 관군을 파견하고 천하의 호걸들을 모은다. 그때 유비, 관우, 장비는 의병으로 출사표를 던진다. 그들은 뜻을 모으기 위해 '수어지교'로 '도원결의'를 하며 형제의 연을 맺는다.

난을 평정하자 권력을 둘러싼 외척과 환관의 싸움인 '십상시의 난'이 일어난다. 이때의 혼란한 틈에 동탁이 정권을 잡는데 여덟 살 헌제를 허수아비 왕으로 세우고 마음대로 권력을 휘둘렀다. 이러한 동탁을 처벌하기 위해 장막, 원소, 조조가 반동탁 동맹군을 결성한다. 두려움에 떨던 동탁은 장안으로 수도를 옮겼고, 천하는 군웅할거의 어지러운 시대가 되었다. 그 후 동탁은 여포의 손에 죽고, 여포는 이각에게 패하여 나라는 또다시 혼란에 빠진다. 이 틈에 조조는 헌제를 황제로 인정하고 실질적인 권력을 쥐게 된다.

유비는 삼고초려하여 제갈량을 얻고 손권과 합세하여 조조와 적벽대전을 펼친다. 유비는 이 대전에서 승리한다. 조조는 관우에 패하고 위나라는 오나라와 연합하는데 손권은 관우를 처형시킨다. 얼마 후 조조가 세상을 떠나자 아들 조비는 위나라의 황제가 되었다. 유비 또한 촉나라를 세우고 관우의 원수를 갚기 위해 오나라를 공격하였으나 패한다. 유비는 아들 유선을 제갈량에게 맡기고 세상을 떠나는데 제갈량의 노력에도 불구하고 촉나라는 263년 멸망한다. 이후 사마염이 위, 촉, 오를 통일하여 진나라를 세운다.

지은이 나관중(1330?~1400). 원나라 말기, 명나라 초기의 인물로 역사 소설가 창작 시기 14세기 특징 역사책이 아니라 정사《삼국지》를 바탕으로 만든 역사 소설

시크릿한 책 속 이야기

"진수가 남긴 역사 전기를 후학 나관중이 순서에 따라 편집했다."

《삼국지연의》첫 장에는 이런 글이 있어요. 진수는 역사학자로 정사《삼국지》를 썼고 나관중은 소설《삼국지연의》를 썼어요. 우리가 흔히 '삼국지'라고 말하는 건 나관중의《삼국지연의》이고, 이는 역사적 사실을 기반으로 쓴 소설이에요.

《삼국지연의》는 소설을 넘어서 최고의 고전으로도 평가받고 있어요. 난세의 영웅들이 펼치는 전략과 전술, 그들이 보여 주는 인간의 도리와 용맹함은 시대를 초월해서 삶의 지혜를 전하고 있거든요.《삼국지연의》를 읽은 아이는 세상을 보는 넓은 시야도 갖게 될 거예요. 만화 삼국지부터 어린이를 위한 쉽게 쓴 삼국지도 있으니 아이와 함께《삼국지연의》읽기에 도전해 보면 어떨까요?

石 **삼**   돌아볼 **고**   풀 **초**   오두막 **려**

초가집에 세 번 찾아간다.

유비는 제갈량을 모시기 위해 누추한 제갈량의 집을 추운 겨울 두 번 찾아가나 만나지 못하고 이른 봄 한 번 더 찾아갑니다. 마지막에는 예를 갖추기 위해 반 리(약 300미터) 밖에서부터 말에서 내려 걸어가지요. 초야에 묻혀 살고 싶어 하던 제갈량은 유비의 정성에 감동하고 유비에게 충성을 다하기로 맹세합니다. 이후에 '삼고초려'는 누군가를 정성과 예의로 모실 때 쓰는 말이 되었지요.

桃 園 結 義

복숭아 **도**   동산 **원**   맺을 **결**   옳을 **의**

복숭아 동산에서 의형제를 맺는다.

중국 후한 말 황건적의 난이 일어나자 유비, 관우, 장비가 의병으로 나서면서 "같은 해, 같은 달, 같은 날에 태어날 수는 없었지만 같은 해, 같은 달, 같은 날에 죽기를 원합니다."라며 뜻을 모은 데서 유래한 말이에요. 의리를 강조하는 말이죠.

- 호걸(豪傑) 지혜와 용기가 뛰어나고 큰 뜻을 품은 사람
    예) 천하의 호걸

- 출사표(出師表) 출병할 때에 그 뜻을 적어서 임금에게 올리던 글. 제갈량
  이 위나라를 정벌하러 갈 때 황제에게 올린 글
    예) 난 전교 회장 선거에 출사표를 던졌다.

- 수어지교(水魚之交) 물과 물고기 같은 사이로 대단히 친밀한 사이. 유비와
  제갈량의 관계에서 유래함.
    예) 준우와 소빈이는 유치원 때부터 수어지교야.

- 군웅할거(群雄割據) 여러 영웅이 세력을 얻기 위해 겨루고 있는 상태
    예) 세계대전 당시에 전 세계는 군웅할거였다.

- 도처(到處) 가는 곳마다의 여러 곳
    예) 여름이 되자 수박이 도처에 널렸다.

명심보감

> "공자께서 말씀하시기를
> 선을 행하는 자에게는 하늘이 복으로써 갚으며,
> 선하지 않은 자에게는
> 하늘이 화로써 갚는다."

책 속으로

- 장자가 말하였다. "하루라도 선(善)을 생각지 않으면 모든 악(惡)이 저절로 일어난다."
- 맹자가 말하였다. "하늘을 따르는 자는 살고, 하늘을 거역하는 자는 망한다."
- 공자가 말하였다. "아버지께서 부르시면 즉시 대답하며 머뭇거리지 말고, 음식이 입에 있거든 이를 뱉을 것이다."
- 태공이 말하였다. "어버이에게 효도하면 내 자식 또한 나에게 효도하나니, 내 자신이 이미 효도하지 않았다면 자식이 어찌 나에게 효도하겠는가?"
- 태공이 말하였다. "사람이 배우지 않으면 어두운 밤길을 가는 것과 같으니라."
- 마원이 말하였다. "남의 과실을 듣거든 부모의 이름을 듣는 것과 같이 하여 귀로 들을지언정 입으로는 말하지 말 것이니라."
- "자기를 굽히는 자는 중요한 지위에 처할 수 있고, 이기기를 좋아하는 사람은 반드시 적을 만난다."

지은이 범립본(원나라 말기 출생으로 추정). 후학을 교육하고 저술 활동을 하면서 일생을 바친 선비 창작 시기 1393년 명나라   특징 유교 경전과 유학자들의 저술을 중심으로 여러 고전에서 좋은 글을 추려내 주제별로 엮어낸 책. 저자가 명나라 범립본이냐 고려 추적이냐에 대한 논란이 있음.

시크릿한 책 속 이야기

  《명심보감》의 제목 글자는 밝을 명(明), 마음 심(心), 보배 보(寶), 거울 감(鑑)으로 보배를 거울 삼아 마음을 밝게 하라는 뜻을 담고 있는 책이지요.

  이 책은 고려 시대부터 지금까지 어린아이에게 바르고 지혜로운 마음을 심어 주고 있어요. 조선 시대 서당에서는 《천자문》 다음으로 《명심보감》의 구절과 명언을 익히고 배우며 외우기까지 했다고 해요.

  그 내용이 주는 울림은 과거와 현재를 넘어 공감을 이끌어 내고 있어요. 우리 아이들이 꼭 알고 익혀야 하는 예절, 효심, 끈기, 정직, 정의, 인간관계 등에 대한 깨달음을 주기 때문이지요. 다양한 수준의 《명심보감》 책이 많이 나와 있으니 시간을 정해 《명심보감》 속 명언 읽기를 가족 루틴으로 삼아 보면 어떨까요?

• '학문'에 대한 명언을 따라 써 보며 마음을 튼튼하게 해 볼까요?
 우리 조상들은 서당에서 《명심보감》을 외우고 익혔어요. 서당에서 배우
 던 《명심보감》 머리말에는 "명심보감이란 무엇을 위해서 지은 것인가?

좋은 옥도 다듬어야 보배가 된다.

아무리 크고 질이 좋은 옥이라 하더라도 갈고 다듬지 않으면

그릇을 만들 수 없고, 좋은 환경에서 태어난 사람이라도

배우지 않으면 도리를 모른다.

잡초 같은 인생이 되지 말라.

후학들이 이익을 따르고 의로움을 잊을 것을 근심하여 지은 것이다."라는 율곡 이이의 글이 실려 있어요. 후학인 우리들이《명심보감》을 익히고 따른다면 조상님들이 흐뭇해 하시겠지요?

배운 자는 벼 곡식과 같고, 배우지 않은 자는 쑥대 풀과 같다.

벼 곡식은 나라의 좋은 양식이자 세상의 큰 보배이고,

쑥대 풀은 농사짓는 자가 미워하고 김매는 자를 괴롭힌다.

훗일 담장을 마주하듯 답답할 때 후회하지만

그때는 이미 늦었다.

서유기

빛나는 한 문장

"가는 길이 과연 얼마나 멀까요?"
"가는 길이 멀다 하더라도 결국 도착할 날이 있겠지요."

책 속으로

돌에서 태어난 원숭이 왕 손오공은 구름을 타고 하늘을 날아다니며 온갖 도술을 부리는 영물이다. 용궁에 가서 여의봉을 얻고 72가지 변법을 익혀 하늘의 신선과 싸워도 물러서지 않을 정도의 능력을 갖추었다. 그를 옥황상제는 제천대성(하늘과 맞먹는 큰 성인)으로 임명한다. 그러나 손오공은 더욱 오만해져 석가여래에 의해 오행산에 감금되고 만다.

오백 년 후 자비롭고 경건한 승려 현장(삼장법사)은 당나라 황제로부터 불교 경전을 가져오라는 임무를 받고 천축(인도)으로 여행을 떠난다. 여행길에 그는 다양한 악마와 초자연적 생물의 도전과 위협에 직면하는데, 관음보살의 도움으로 이를 물리치며 손오공을 제자로 삼게 된다. 이 외에도 욕심 많고 서툰 돼지 저팔계, 하늘에서 쫓겨나 하천 근처에 사는 사오정도 합류하여 우마왕 같은 요괴들을 물리치고 천축으로 향한다. 81가지의 난을 거친 끝에 천축에 도착한 그들은 석가여래를 만나 깨달음을 얻는다. 그들은 불교 경전을 얻고 중국으로 돌아와 불교의 가르침을 전파하는 사찰을 세운다.

지은이 오승은(1500~1582). 중국 명나라 작가 창작 시기 16세기 특징 중국 4대 고전 소설 중 하나

시크릿한 책 속 이야기

《서유기》는 《삼국지연의》, 《수호전》, 《금병매》 혹은 《홍루몽》과 더불어 중국 4대 고전 소설로 불려요. 불교 경전을 가지러 가는 중에 요괴와의 싸움에서 겪는 다양한 상황들이 재미있고 삶의 지혜를 배울 수 있어요. 손오공은 다양한 콘텐츠의 주인공으로 등장하며 오랫동안 사랑받고 있지요. 《서유기》 속의 손오공 뿐 아니라 《드래곤볼》의 손오공, 〈날아라 슈퍼보드〉의 손오공, 《마법천자문》의 손오공 등 도술을 부리고 꾀를 부리는 재미있는 캐릭터로 등장하고 있어요.

심장법사는 순수함의 상징이에요. 손오공의 여러 도움에도 삼장법사는 손오공을 구박하고 쫓아내요. 그러다 요괴에게 잡히면 손오공에 의해 구출되는 순박한 인물이에요.

둔하고 덤벙거리는 저팔계는 전생에 천계의 은하수를 다스리던 사람이었어요. 옥황상제의 노여움을 사 인간 세상으로 쫓겨나 삼장법사를 만나 저팔계라는 이름을 얻게 되죠. 저팔계는 부처님의 제자에게 금지된 5가지 음식, 도가에서 금하는 3가지 음식을 끊고 채식을 해야 했죠. '8가지 음식을 금한다'는 뜻으로 '저팔계(豬八戒)'가 된 것이에요.

약삭빠른 사오정은 옥황상제의 호위 무관이었는데 연회 때 실수로 보물 잔을 깨트려 지상으로 추방당했답니다. 하지만 삼장법사 일행 중 가장 이성적이고 지혜로운 캐릭터가 바로 사오정이랍니다.

喜 怒 哀 樂

기쁜 **희**　　성낼 **노**　　슬플 **애**　　즐거울 **락**

기쁨과 노여움과 슬픔과 즐거움이라는 뜻.
인간의 온갖 감정을 이르는 말.
예) 우리 엄마가 좋아하는 드라마에는 우리 인생의 희노애락이 담겨 있다.
※ 희노애락애오욕(喜怒哀樂愛惡慾): 기쁨, 노여움, 슬픔, 즐거움, 사랑, 미움,
욕심을 인간의 7가지 감정이라고 해서 '칠정'이라 해요.

改 過 遷 善

고칠 **개**　　지날 **과**　　옮길 **천**　　착할 **선**

지난 허물을 고치고 선한 사람이 됨.
예) 우리 반 장난꾸러기 금쪽이가 여름방학을 보낸 뒤 개과천선했다.

고전을 통해 키우는 문해력 **생각 넓히기**

• 여러분이 만약 삼장법사라면 어떤 제자를 데리고 불경을 찾으러 가고 싶나요? 그 이유는 무엇일까요?

이름	이유
예) 내 짝꿍 박준우	늘 침착하고 마음이 착해서 나를 잘 도와줄 것 같다.

채근담

"사람을 대하는 일에는 너그러움이 복이 되나니
남을 이롭게 하는 것이
자신을 이롭게 하는 바탕이 된다."

책 속으로

- 작은 길 좁은 곳에서는 한 걸음만 멈추어 다른 사람을 먼저 지나가게 하고, 맛있는 좋은 음식은 10분의 3만 덜어서 다른 사람에게 맛보게 하라. 이것이 아밀로 인락히게 세성을 날이기는 최상의 방법이다.
- 사람의 잘못을 꾸짖되, 지나치게 엄격하게 하지 마라.
- 작은 일에도 빈틈이 없고, 어두운 곳에서도 속이거나 숨기지 않으며, 아무리 실의에 빠지더라도 자포자기하지 않는 자, 이런 사람이 진정한 영웅이다.
- 자벌레가 몸을 구부리는 것은 몸을 뻗어 전진하기 위함이다.
- 덕은 재능의 주인이요, 재능은 덕의 종이다. 그러므로 재능은 있으되 덕이 없는 것은 주인 없는 집에 종이 날뛰는 것과 같다.
- 부싯돌 불빛 속에서 길고 짧음을 다툰들 그 시간이 얼마나 길까? 달팽이 뿔 위에서 자웅을 겨룬들 그 세계가 얼마나 크랴.
- 오래 엎드린 새는 반드시 높게 날고, 먼저 핀 꽃은 홀로 일찍 떨어진다.
- 먼저 핀 꽃은 먼저 진다. 남보다 먼저 공을 세우려고 조급히 서둘 것이 아니다.

092   현직 교사가 알려 주는 논술 고전 50

지은이 홍자성(홍응명, 출생이 알려지지 않음) 창작 시기 17세기 명나라 말기 특징 소설이
아니라 인생의 명언이 담긴 책

시크릿한 책 속 이야기

《채근담》은 나물 채(菜), 뿌리 근(根), 이야기 담(譚)을 뜻해요.

사람이 항상 나물 뿌리를 씹을 수 있다면 세상 모든 일을 다 이룰 수 있다는
뜻이지요. 전집 222개, 후집 135개, 총 357개의 내용을 담고 있어요. 전집은
도덕과 인간의 바른 행동에 대한 이야기, 후집은 자연 속에서 찾은 인간과 우
주의 이치에 대한 통찰이 돋보이는 문장들로 가득 차 있지요.

어느 고전보다 쉽게 말하지만 지혜로운 삶의 자세를 배우고 깨달을 수 있는
내용들로 가득 차 있어 아이와 어른들에게 꼭 필요한 인생 지침서예요. 초등
학생용으로 나온《열 살, 채근담을 만나다》(한영희, 어린이나무생각)와 같은 쉬
운 책과 함께 시작하면 어려운 의미도 쉽게 이해할 수 있어요.

아직 가훈이 없다면 오늘 가족이 함께《채근담》을 읽으며 명문장을 찾아 가
훈으로 삼아 보면 어떨까요?

고전을 통해 키우는 문해력　생각 넓히기

• 《채근담》은 17세기 중국 명나라 말기에 만든 책이에요. 400년 이상 지난 21세기를 사는 우리에게도 큰 깨달음을 주지요. 이처럼 세월이 흘러도 절대 변하지 않을 가치는 어떤 것이 있을까요?
  '미덕의 보석'에서 단어를 하나 골라 이유를 생각해 보세요. 그 가치는 어떻게 여러분 삶에서 보석처럼 빛날까요?

미덕의 보석들

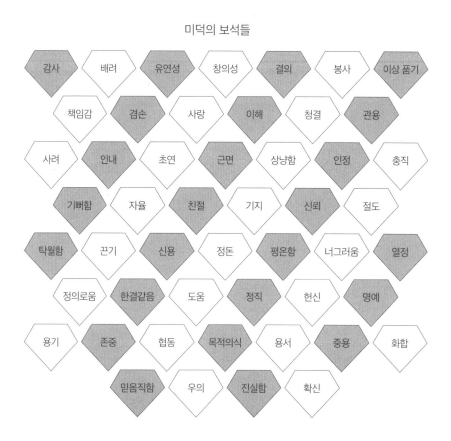

예)

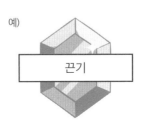

끈기

이유	내 삶을 빛나게 하는 힘
저는 공부나 운동을 끝까지 못하고 포기하는 경우가 많아요. 끈기가 있으면 좋겠어요.	오래 달리기를 할 때 숨이 턱에 차도 포기하지 않고 결승선까지 최선을 다해 달리는 거예요.

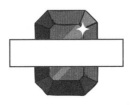

이유	내 삶을 빛나게 하는 힘

현직 교사가 알려 주는

논술 고전 50
서양 고전
──명작 고전

걸리버 여행기

> **"돈은 머리에 넣고 다녀라.**
> **절대로 가슴에 품지 마라."**

책 속으로

1부 소인국   선상 의사인 걸리버는 풍랑을 만나 배가 난파되고 '릴리푸트'라는 나라에 표류하게 된다. 그곳 사람들은 키가 15cm 정도인데 물에 떠밀려 온 걸리버를 보고 놀라 몸을 땅에 묶어 버린다. 하지만 적국 '블레푸스쿠'와의 전투에서 활약한 걸리버는 왕에게 큰 상을 받는다. 그러나 이를 질투한 사람들의 모함으로 걸리버는 영국 집으로 다시 돌아온다.

2부 거인국   걸리버는 두 달 후 다시 항해를 떠나 거인족이 사는 '브로브딩낙'이라는 곳에 도착한다. 걸리버는 농부에게 잡혀 애완동물처럼 키워지고 도시의 장터에서 구경거리가 된다. 이 소식을 들은 왕이 걸리버를 데려가 반려동물처럼 여기지만 독수리에게 잡혀서 날아가다 탈출하여 다시 영국으로 돌아오게 된다.

3부 라퓨타 섬   걸리버는 다시 항해에 나서는데 해적선을 만나 물건을 모두 빼앗기고 버려진다. 그곳은 공중에 떠다니는 '라퓨타' 섬이었다. 이곳은 과학과 천문학에 관심이 많은 사람들이 사는 곳으로 지상의 나라를 통치하는 곳이었다. 걸리버는 이들과 과학기술에 대한 이야기를 나누고 일본까지 여행을 갔다가 그곳에서 무역을 하던 네델란드 인의 도움으로 영국으로 돌아온다.

4부 후이늠   선장이 된 걸리버는 다시 항해를 떠나는데 이번엔 선상 반란 지은이 조나단 스위프트(1667~1745). 아일랜드의 소설가, 성직자. 풍자 소설의 대가로 평가받는다. 창작 시기 1726년 특징 1부 〈소인국〉, 2부 〈거인국〉, 3부 〈라퓨타〉, 4부 〈후이늠〉으로 구성

으로 인간보다 뛰어난 지능을 가진 말들이 다스리는 나라 '후이늠'에 도착한다. 말들은 인간을 '야후'라 부르며 짐승처럼 지배하고 있었다. 거짓 없고 정직한 세계 후이늠에서 걸리버는 인간 세계가 얼마나 추악하고 모순된 곳인지 알게 된다. 하지만 걸리버는 후이늠에서 추방되고 포루투갈 배에 의해 구조되어 영국으로 돌아온다.

시크릿한 책 속 이야기

《걸리버 여행기》는 모험과 상상이 가득한 이야기로 모두에게 인기 많은 소설이지요. 우리가 흔히 생각하는 《걸리버 여행기》는 소인국에 간 걸리버의 모험에 대한 이야기였어요. 하지만 《걸리버 여행기》는 4부로 이루어져 있답니다.

조나단 스위프트가 이 소설을 쓴 이유는 17세기 유럽 사회에 대해 비판하기 위해서였다고 해요. 소인국에서 계란 때문에 일어나 유치한 전쟁, 거인국에서 애완동물처럼 취급받는 아무것도 아닌 인간의 모습, 과학 발전에 대한 두려움과 문제점, 식민지 상황을 비판하고 있다고도 해석한답니다.

이 소설에서 걸리버는 많은 나라를 항해하고 표류하지만 멈추지 않고 또 바다로 나아갑니다. 새로운 나라에 도착하면 걸리버는 그 나라의 문화와 언어를 배우죠. 작가가 어떤 생각으로 글을 썼는지에 대한 해석도 중요하지만, 우리 아이들이 지금 이 소설을 읽고 어떤 생각을 하게 되었는지도 이야기해 보면 좋겠습니다.

고전을 통해 키우는 문해력 생각 넓히기

• 소인국에서 걸리버를 본 사람들은 그를 '사람 산'이라 이야기해요. 그러고
는 걸리버의 소지품을 검사하고 왕에게 올릴 보고서를 씁니다. 여러분 주
머니나 가방, 필통, 주변의 물건 하나를 골라 '나의 소지품 검사 보고서'를
써 보세요. 만약 소인국에 간다면 그들은 여러분의 소지품을 어떻게 설명
할까요?

사람 산 소지품 검사 보고서	나의 소지품 검사 보고서
윗도리 오른쪽 주머니에 하얀 천이 있습니다. 그 크기가 궁전의 넓은 방의 깔개만큼 컸습니다. 사람 산은 이것을 '손수건'이라고 했습니다. 이렇게 큰 천으로 손을 닦다니 정말 놀랐습니다.	

• 걸리버의 다섯 번째 여행지는 어디가 될까요? 걸리버는 그곳에서 어떤 모
  험을 하게 될까요?

다섯 번째 여행지	그곳에서의 이야기

이상한 나라의 앨리스

> "어제의 이야기는 아무 의미 없어요.
> 왜냐하면 지금의 난
> 어제의 내가 아니거든요."

책 속으로

언니와 소풍을 나온 앨리스는 나무 그늘 아래서 책을 읽다가 회중시계를 보며 어딘가로 바쁘게 가는 하얀 토끼를 따라간다. 앨리스는 토끼가 뛰어내린 나무 밑동의 구멍 속으로 굴러떨어지고, 조그만 문을 통해 빠져나가는 토끼를 보고 따라가려 하자 문이 닫혀 버린다. 앨리스는 열쇠를 찾기 위해 두리번거리다 탁자 위에 열쇠를 보게 되는데 탁자가 너무 커서 올라갈 수가 없다. 앨리스는 탁자 밑에 '먹지 마시오.'라고 쓰여 있는 케이크를 먹고 몸이 커진다. 덕분에 열쇠를 찾았지만 커진 몸으로는 문으로 나갈 수가 없게 되자 울음을 터뜨린다. 앨리스는 이번에는 '먹지 마시오.'라고 쓰여 있는 음료수를 먹고 다시 작아진다. 그런데 조금 전 자신이 흘린 눈물에 빠져버리고 눈물에 휩쓸려 섬에 들어간다.

섬에 사는 동물들과 친해져 놀던 앨리스는 다시 나타난 토끼를 보고 쫓아간다. 토끼를 쫓아 들어간 산속에서 만난 애벌레는 토끼를 찾고 싶다면 큰 나무에 들어가라고 하며 버섯 두 개를 준다. 하나는 작아지는 버섯, 하나는 커지는 버섯이었다. 나무 문을 통해 들어간 세상에서 앨리스는 트럼프 병사가 예쁘게 핀 하얀 장미를 빨간 페인트로 칠하고 있는 것을 본다. 이유를 묻자 병사는 여왕님이 하얀 장미를 싫어해 색칠을 한다고 말한다. 그 말을 들은 앨리스는 그렇게 나쁜 사람이 어디 있냐고 말하고 이를 들은 여왕은 크게 화를 낸다. 여왕은 앨리스를 감옥에 가두려 하고 앨리스는 주머니에 있던 버섯을 먹고 몸이 지은이 루이스 캐럴(1832~1898). 영국 빅토리아 여왕 시대의 수학자, 교수, 소설가, 사진가   창작 시기 1865년   특징《더 가디언》선정 'The 100 best novels' 18위

커져 트럼프 병사들을 물리친다. "앨리스 왜 그래? 꿈을 꾸었니?" 언니의 부름에 앨리스는 멋진 꿈에서 깨어난다.

시크릿한 책 속 이야기

《이상한 나라의 앨리스》는 오랫동안 사랑을 받아 온 고전 명작이죠. 다 읽어 보지는 않았더라도 어떤 내용의 이야기인지 모르는 사람은 거의 없을 거예요. 앨리스가 토끼를 따라간 이상한 나라에서 겪는 모험은 신비롭기도 하고 재미있기도 해요. 트럼프 카드 병사가 흰 장미에 빨간색을 칠한다는 내용이나, 홍학 채로 크리켓 경기를 한다거나 동물과 식물이 말을 한다는 설정은 아이들의 호기심과 상상력을 이끌어 내죠. 몸이 커졌다 작아지는 음식은 마치 빨간 부채, 파란 부채로 코의 길이를 자유자재로 늘렸다 줄이는 우리나라 옛이야기와도 닮아 있어요.

아이들은 앨리스의 모험이 꿈인지 현실인지 아리송한 상태에서 책에 빠져들고, 결국 모든 것이 앨리스의 꿈이었다는 것을 결말에서 알게 됩니다. 또, 모험 과정에서 위기를 이겨 내는 앨리스의 용기는 아이들에게 꿈과 희망을 심어 주기에 충분하지요.

- 엘리스는 음식을 먹고 몸이 커졌다가 작아졌다가 해요. 음료수, 케이크, 버섯처럼 우리가 흔히 아는 음식들이지요.
  혹시 여러분 주위에 신비한 능력을 주는 음식이 있을까요? 있다고 생각하고 그것에 대해 상상해서 써 볼까요?

음식	음식이 가진 능력	능력치
예) 사탕	먹으면 치과에 가지 않아도 충치가 치료되는 능력	★★★☆☆
		☆☆☆☆☆
		☆☆☆☆☆
		☆☆☆☆☆
		☆☆☆☆☆
		☆☆☆☆☆

해저 2만 리

빛나는 한 문장

> "바다에는 전체군주라는 것이 없지요.
> 어떤 지배나 권력도
> 이 바다 밑까지는 미치지 못합니다."

책 속으로

　19세기 중반, 전 세계에 정체 모를 괴물에 의한 해난 사고가 끊이지 않는다. 사람들은 그 괴물을 큰 고래일 것이라고 생각하면서도 두려움에 떤다. 미국은 괴물을 잡기 위해 링컨 호를 출항시키고 파리 자연사박물관의 아로낙스 박사와 조수 콩세유, 전문 작살잡이 네드랜드가 이 항해에 함께한다. 그러나 링컨 호는 괴물의 공격을 받고 일본 근해에서 난파된다. 일행은 가까스로 잠수함 노틸러스 호를 만나 구조된다. 네모 선장의 노틸러스 호에서 그들은 환상적인 바닷속 세계 여행에 행복해 한다.

　노틸러스 호의 네모 선장은 세상과 등지고 자신만의 바다 세계를 만들어 가는데, 그는 보이는 것과 달리 난폭하고 복수심으로 가득 찬 사람이었다. 이에 네드랜드는 잠수함에서의 탈출을 꿈꾼다. 하지만 탈출은 실패하고 군함 한 척이 노틸러스 호를 괴물로 여겨 공격한다. 네모 선장은 끝까지 군함을 쫓아가 침몰시키지만 군함의 선원들이 모두 죽자 괴로워한다. 이윽고 노틸러스 호는 노르웨이 앞바다의 거대한 소용돌이에 빠져든다. 아로낙스 박사 일행은 정신을 잃고 눈을 떠 보니 세 사람은 무사히 어느 바닷가 오두막집에 누워 있었다. 노틸러스 호와 네모 선장은 어떻게 되었을까?

지은이 쥘 베른(1828~1905). 프랑스의 SF 및 모험 소설가　창작 시기 1869년　특징 2만 리는 8천 킬로미터로 지구 둘레의 4분의 1 정도로 짧은 거리. 해저 20만 리가 맞는 번역

시크릿한 책 속 이야기

　과거 '상상화 그리기' 대회가 열리면 학생들은 하늘을 나는 자동차, 우주여행을 하는 사람들의 모습을 주로 그렸어요. 불과 몇 년 전의 일인데 상상은 현실이 되어서 실제로 하늘엔 드론이 자유롭게 날아다니고 우주여행도 할 수 있는 시대가 되었어요.

　백 년도 훨씬 전《해저 2만 리》의 작가 쥘 베른은 대단한 상상력으로 바다 여행을 실감나게 묘사했어요. 잠수함을 생각해 내고 한 번도 보지 못했을 바닷속 생물과 생활을 재미있게 그렸죠. 고전 중에서도 바다를 배경으로 한 작품은 많지만 바닷속을 상상해서 쓴 소설은 이 작품이 유일하답니다.

　읽기 전 활동으로 제목으로 미루어 어떤 내용의 이야기가 펼쳐질지 상상해 보는 시간을 가졌으면 좋겠어요. 아이들의 무궁무진한 상상력은 쥘 베른보다 더 멋진 세상을 만들어 낼 수도 있으니까요.

　또 백여 년 전 독자들이 이 글을 읽으며 느꼈을 호기심과 긴장, 재미에 대해 상상해 보는 것도 좋을 것 같아요.

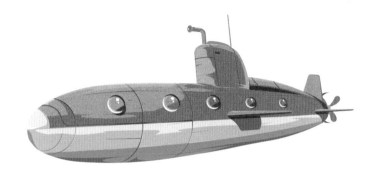

고전을 통해 키우는 문해력 생각 넓히기

• 노틸러스 호는 노르웨이 앞바다의 소용돌이 속으로 빠져들어요. 이후 네
모 선장과 선원들, 노틸러스 호는 어떻게 되었을까요? 이후의 이야기를
담은 책이《신비의 섬》이랍니다.
노틸러스 호가 어떻게 되었을지 여러분의 상상으로 뒷이야기를 꾸며 볼
까요?

쥘 베른

‖‖

노틸러스호는 노르웨이 앞바다의 거대한 소용돌이인 메일스트롬에 빠졌다. 네모 선장은······

80일간의 세계 일주

"안 될 건 또 뭐야. 일단 해 보는 거지."

책 속으로

영국 런던에 사는 필리어스 포그는 기계처럼 정확하고 빈틈없는 사람이다. 어느 날, 그는 인도의 철도가 완전히 개통되어 80일이면 세계를 일주할 수 있다는 기사를 접한다. 포그는 자신이 80일 만에 세계를 한 바퀴 돌아올 수 있다고 장담하며 전 재산의 절반인 2만 파운드를 내기 돈으로 건다. 포그는 남은 재산 2만 파운드를 들고 하인 파스파르투와 영국 런던을 출발하여 프랑스 파리, 이집트 수에즈, 예멘의 아덴, 인도 뭄바이와 콜카타를 거쳐 싱가포르와 홍콩, 일본 요코하마, 미국 샌프란시스코와 뉴욕, 영국 리버풀을 경유하여 다시 런던으로 돌아오는 경로를 계획한다. 포그는 모든 교통수단의 출발과 도착 시각을 기록하고 가장 짧은 시간을 계산해 둔다.

하지만 여행을 떠난 포그 일행에게 예측 불가의 돌발 상황이 발생하기 시작한다. 폭풍우를 만나기도 하고, 포그를 도둑으로 오해하고 쫓는 픽스 형사로 인해 하인 파스파르투와 헤어지기도 하고, 들소 떼 때문에 열차가 연착되기도 한다. 인도 여인 아우다 부인을 구해 주기도 하면서 시간은 점점 지체된다. 안타깝게도 포그는 약속한 80일이 아닌 81일 만에 영국에 도착한다. 내기에 실패했다고 좌절하던 그때 '시차' 때문에 날짜와 시간을 착각한 사실을 깨닫게 된다. 이로써 포그는 80일간의 세계 일주에 성공하여 내기에서 이기고 아름다운 아우다 부인과 결혼도 하게 된다.

지은이 쥘 베른(1828~1905). 프랑스의 SF 및 모험 소설가　창작 시기 1873년　특징 영국인을
주인공으로 한 프랑스 소설

시크릿한 책 속 이야기

　　당시 2만 파운드는 지금 20억 원 정도의 가치라고 해요. 그 큰돈을 걸고 내
기를 한 포그는 어떤 사람이었을까요? 1분 1초도 계산하고, 1도의 물 온도에
도 민감했던 그가 재산 절반을 내기에 걸었던 건 자신 있었기 때문이에요. 이
동 거리를 계산해서 이동 시간을 정확히 설정한 거죠. 하지만 인생에는 언제
나 돌발 상황이 발생해요. 철저하게 계획적이었던 포그는 여행을 하면서 자연
과 인간 앞에서 조금씩 변화하는 모습을 보여요. 누군가를 구하기 위해 시간
을 쏟고, 하인과 헤어졌을 때는 하인의 일정을 챙기기도 하죠.

　　여러분에게 80일간의 세계 일주 기회가 생긴다면 어떤 여행을 하게 될까
요? 더불어 우리 가족의 여행 스타일을 점검해 보면 어떨까요? 계획을 세우고
시간표대로 움직이는 여행을 해 왔는지, 마음이 흘러가는 대로 여행을 즐기는
스타일인지 이야기를 나누다 보면 80일간의 세계 일주 속 포그의 마음을 조
금은 이해할 수 있을 거예요.

• 여행은 일과 공부에 지친 우리에게 자유와 설렘을 선물해요. 이 행복을 누구와 함께 나누면 좋을 까요?
《80일간의 세계 일주》를 함께 읽고 싶은 사람은 누구인가요?

• 왜 이 책을 함께 읽고 싶나요?

• 여러분에게 세계 일주를 할 기회가 주어진다면 누구와 함께 가고 싶나요? 함께 가고 싶은 사람 이름을 적고 점수표에 동그라미를 쳐 보세요. (숫자가 큰 순서로 함께 가고 싶은 사람입니다.)

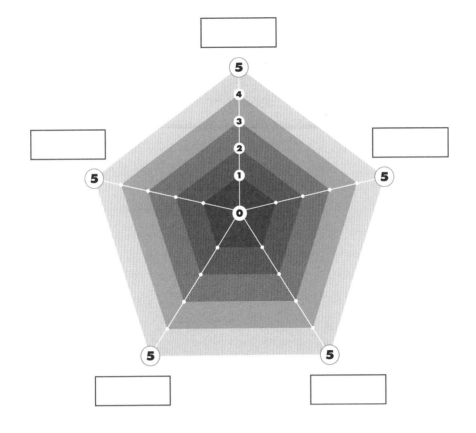

톰 소여의 모험

"앞으로 나아가는 비결은 시작하는 것입니다."

책 속으로

미시시피 강변의 작은 마을에 개구쟁이 소년 톰 소여가 살았다. 톰은 폴리 이모의 집에 얹혀사는 처지지만 마을 제일의 말썽꾸러기로 늘 이모의 걱정거리다. 어느 날 톰은 페인트칠을 하는 벌을 받게 된다. 그러나 꾀가 많은 톰은 페인트칠이 재미있는 일인 듯 친구들을 속여 자신은 쉬면서 친구들에게 페인트칠을 시킨다. 어느 밤, 톰은 친구 허클베리 핀과 공동묘지에 갔다가 살인 현장을 목격한다. 살인범은 인디언 조였지만 머프 포터 영감이 누명을 쓴다. 조의 보복이 두려운 톰과 허클베리 핀은 이 사실을 비밀로 하지만 톰은 양심의 가책을 느끼고 재판에 나가 범인은 인디언 조라고 말한다. 하지만 조는 도망가 버린다.

마을의 소풍날 톰은 대처 판사의 딸 베키와 동굴에서 길을 잃어 사흘 동안 동굴에 갇힌다. 하지만 동굴 깊숙한 곳에서 조와 그의 보물을 발견한다. 8킬로미터를 걸어 베키와 무사히 동굴을 빠져나온 톰은 베키를 구해 준 마을 영웅이 되었고, 어른들은 아이들이 또 동굴에 갇힐까 봐 동굴을 폐쇄한다. 폐쇄된 동굴에는 빠져나오지 못한 조가 있었고, 조는 굶어 죽는다. 톰은 허클베리 핀과 동굴로 들어가 조가 숨겨 놓은 보물을 찾아 반씩 나눈다. 둘은 부자가 되었지만 허클베리 핀은 자유롭게 살기를 원하고 둘은 의적단을 만들기로 계획한다.

지은이 마크 트웨인(1835~1910). 미국의 소설가. 미국 문학의 아버지로 평가받는다. 창작 시기 1876년 특징 마크 트웨인과 친구들의 어린 시절이 녹아 있는 작품

시크릿한 책 속 이야기

이 책의 핵심 키워드는 성장과 우정, 모험이에요. 어린이라면 누구나 꿈꾸는 스릴 있는 모험이 주를 이루죠. 불의에 맞서 진실을 말하는 용기, 잔꾀로 어려움을 헤쳐 나가는 기지, 장난꾸러기지만 여자 친구 베키와 친구를 지키는 의리. 우리 아이들이 공감할 소재와 이야기가 가득 들어 있는 보물 상자 같은 책이에요.

보물찾기, 범인 찾기와 친구와 동굴에서 모험하기 등 톰이 경험하는 모험은 아이들을 책에 쏙 빠져들게 한답니다. 또, 장난만 치던 톰이 폴리 이모와 친구를 생각하고, 포터 영감을 위해 위험을 무릅쓰며 성장하는 모습은 아이들의 마음도 흐뭇하게 해요.

그런데 이 책을 잘 읽어 보면 인디언, 흑인에 대한 차별과 편견, 나쁜 사회제도나 관습도 나와 있어요. 독자의 입장에서는 이해가 잘 안 되는 당시의 사회 모습이 보여요. 과거 사회와 현대 사회를 비교해 보면 역사 지식뿐 아니라 아이들의 사고력도 쑥쑥 성장할 거예요.

- 톰에겐 허클베리 핀처럼 모험을 함께 할 좋은 친구가 있어요. 여러분에게
도 그런 친구가 있나요? 여러분과 함께 모험을 떠날 가상의 친구 두 명을
만들고 어떤 모험을 떠나고 싶은지 써 보세요.

내 친구를 소개합니다.

이름은?

성격은?

좋아하는 음식, 동물, 운동은?

함께 하고 싶은 모험은?

내 친구를 소개합니다.

이름은?

성격은?

좋아하는 음식, 동물, 운동은?

함께 하고 싶은 모험은?

----

15 소년 표류기

> "질서, 열정, 용기만 있다면
> 아무리 위험하다 해도 헤어 나오지 못할 상황은
> 없는 법이다."

책 속으로

1860년 뉴질랜드의 체어맨 학교 학생 14명은 여름방학 여행으로 뉴질랜드 연안을 일주할 계획이다. 그런데 출항일 선장도 없이 견습생 1명과 소년 14명만 탄 배의 밧줄이 풀리면서 아이들은 망망대해에 표류하게 된다. 태풍을 만나 항로를 이탈한 그들은 칠레 인근 무인도 하노버 섬에 도착한다. 아이들은 그곳을 체어맨 섬이라 이름 짓는다. 불안과 두려움에 떨던 소년들은 살기 위해 정신을 차린다. 소년들은 배에서 자고 먹으며 낮에는 섬을 탐험하며 사냥하다가 사람이 살았던 흔적이 있는 동굴을 발견한다. 남겨진 유품을 보니 구조되지 못한 프랑스인이었다. 소년들은 겨울을 대비하기 위해 배에서 얻은 나무로 뗏목을 만들고 동굴로 들어간다.

리더십이 있는 프랑스인 브리앙, 가장 나이가 많고 현명한 미국인 고든, 총기류를 잘 다루나 브리앙과 사이가 좋지 않은 도니펀이 소년들을 이끌며 지낸다. 소년들은 질서 유지를 위해 대통령도 뽑고 규칙도 만들며 생활한다. 브리앙과 앙숙인 도니펀이 소년들 몇과 따로 나가 살기도 하지만, 어느 날 도니펀이 재규어에게 공격당하고 있는 것을 브리앙이 구해 주게 되어 서로 화해한다. 우여곡절 끝에 소년들은 보트로 섬을 탈출하고 지나가는 선박에 구조되어 고향으로 무사히 귀국한다.

지은이 쥘 베른(1828~1905), 프랑스의 SF 및 모험 소설가 창작 시기 1888년 특징 원제목은 《2년간의 여름방학》

시크릿한 책 속 이야기

이 책에 등장하는 15명의 소년들은 처음에는 놀라고 두려워하지만 침착하게 리더를 정하고 규칙을 만들어 나갑니다. 겨울을 보내기 위해 준비하고 식량이 떨어질 때를 대비하죠. 불시착했던 섬을 스스로 하나의 작은 사회로 만들어 갑니다. 인간이 가진 위기 대처 능력과 사회성, 협동심 등을 엿볼 수 있는 대목이에요.

이 소설을 보면서 교실 속 아이들의 모습을 떠올려 봤어요. 학교에는 자치 활동 시간이 있어요. 스스로 규칙을 정하고 실천하는 것이죠. 아직 어리다고 생각했던 아이들이 책임과 의무를 다하며 문제를 해결해 나가는 모습을 볼 때면 언제나 놀랍습니다.

가정에서는 어떤가요? 형제간에 갈등이 생겼을 때, 가정 내 역할 문제로 혼란을 겪을 때 말이에요. 우리 아이들의 문제 해결력을 믿고 한 번쯤은 스스로 해결할 기회를 주면 어떨까요?

고전을 통해 키우는 문해력 생각 넓히기

- 만약 무인도에 표류하게 된다면 꼭 가져가고 싶은 3가지를 생각해 볼까요? 생존에 가장 필요한 도구일 수도 있고, 생존과는 관계없지만 내겐 소중한 어떤 것일 수도 있어요.

	1	2	3
물건이나 사람			
이유			

• 무인도에서 살아남기 위해 꼭 필요한 도구를 발명해 보세요. 재료는 자연에서 얻을 수도 있고, 배나 비행기 속 잔해물이 될 수도 있어요.

도구 이름		용도	
재료		필요한 이유	
그림			

오즈의 마법사

빛나는 한 문장

> "There's no place like home(집보다 좋은 곳은 없다)."

책 속으로

미국 캔자스 시골 마을에 살고 있던 도로시는 어느 날 회오리바람에 휩쓸려 강아지 토토와 함께 오즈의 나라에 도착한다. 그러나 하필 도로시의 집은 동쪽의 나쁜 마녀 위에 떨어졌고, 도로시는 졸지에 나쁜 마녀를 퇴치하게 된다. 도로시는 동쪽 마녀의 구두를 신고 자신을 집으로 돌려 보내 줄 마법사 오즈를 만나기 위해 에메랄드 성을 찾아 나선다.

가는 길에 뇌를 갖고 싶어 하는 허수아비, 심장을 갖고 싶어 하는 양철 나무꾼, 용기를 갖고 싶어 하는 겁쟁이 사자와 만난다. 우여곡절 끝에 오즈의 마법사를 만난 그들은 모두의 소원을 말하지만 마법사는 그들의 소원을 들어주는 조건으로 서쪽 마녀를 무찌르라고 한다. 어쩔 수 없이 서쪽 마녀를 찾아 나선 도로시와 친구들은 자신이 가진 능력으로 서쪽 마녀를 물리친다.

그들이 열기구를 타고 떠나려는 순간 강아지 토토가 없어지는 바람에 도로시는 열기구를 놓쳐 버린다. 허수아비는 에메랄드 시의 왕, 양철 나무꾼을 윙키의 나라, 사자는 짐승들의 왕으로 보내 달라 소원하며 남쪽의 착한 마녀 글린다를 만나게 된다. 도로시는 글린다를 통해 자신이 신고 있었던 구두가 사실 자신이 원하는 곳은 어디든지 데려다 줄 수 있는 마법의 구두라는 사실을 알게 되고 구두의 힘으로 고향으로 돌아간다.

지은이 라이먼 프랭크 바움(1856~1919). 미국의 작가, 배우이자 감독.《오즈의 마법사》로 눈 떠 보니 슈퍼스타가 되었다. 창작 시기 1900년 특징 미국에서 가장 사랑받는 환상 동화

시크릿한 책 속 이야기

주인공은 도로시인데 제목은 '오즈의 마법사'예요. 사실 이 동화에서 오즈의 마법사의 역할은 크지 않거든요. 그럼 왜 제목이 도로시가 아닌 오즈의 마법사일까요? 오즈의 마법사는 우리가 열망하고 바라는 꿈을 상징하는 것 아닐까요? 빨리 집에 돌아가고 싶은 도로시, 심장을 갖고 싶은 양철 로봇, 뇌를 갖고 싶어 하는 허수아비, 용기를 갖고 싶어 하는 겁쟁이 사자가 오즈의 마법사를 만나면 그 꿈을 이룰 수 있다고 생각한 거죠. 하지만 그들은 마법이 아닌 자신의 힘으로 꿈을 이루었어요. 용기와 지혜를 모아 위기를 극복하며 참된 자신을 발견하는 과정에서 꿈을 이룬 거죠.

우리는 멋진 자신의 모습을 알아차리지 못할 때가 많아요. 자신의 장점을 찾지 못할 때가 있는 거죠.《오즈의 마법사》를 읽으며 지금 내가 가지고 있는 것과 갖고 싶어 하는 것을 생각해 보고, 갖고 싶어 하는 것이 정말 내게 없는지 이야기 나눠 보면 좋겠어요. 어쩌면 우리는 생각하는 것보다 훨씬 더 근사한 사람일지도 모르니까요.

고전을 통해 키우는 문해력   생각 넓히기

• 대단한 존재가 나의 소원을 들어주는 상상을 해 봅니다.
  여러분은 어떤 소원을 가지고 있나요?
  마법사를 만난다면 어떤 소원을 빌고 싶은가요?

• 여러분이 오즈의 마법사라면 등장인물의 소원을 듣고 어떤 해답을 줄까요?

등장인물	소원	내가 오즈의 마법사라면?

집으로 돌아가고 싶어요.

도로시

난 생각을 깊게 할 수 있는 뇌가 필요해요.

허수아비

난 차가운 양철 로봇이라 따뜻한 심장이 필요해요.

양철 나무꾼

난 겁이 많은 사자라 용기가 필요해요.

사자

크리스마스 캐럴

빛나는 한 문장

> **"질병과 슬픔은 전염되지만**
> **웃음과 기쁨만큼 전염성이 강한 건 없다."**

책 속으로

자린고비 영감 스크루지는 돈을 인생 최고의 가치로 삼으며 인색한 삶을 산다. 주변엔 가족도 친구도 없고, 길가는 거지도 그에겐 동냥하지 않는다. 크리스마스이브, 연료가 아까워 차갑고 냉기 가득한 집에서 잠을 자던 스크루지에게 얼마 전 죽은 동업자 말리의 유령이 찾아온다. 말리는 스크루지에게 곧 과거, 현재, 미래의 유령이 찾아올 것이라고 경고한다. 스크루지는 과거 유령을 통해 순수했던 자신의 젊은 날을 보았고, 현재의 유령을 통해 자신의 직원인 크로체트와 조카 프레드의 집에서 일어나는 일을 본다. 자신이 월급 주는 것도 아까워하던 가난한 직원 크로체트가 자신의 건강을 걱정하는 모습, 조카 프레드 가족의 행복한 모습을 통해 스크루지는 묘한 감정에 사로잡힌다. 곧 나타난 미래의 유령은 스크루지의 묘 앞에서 아무도 슬퍼하지 않는 모습을 보여 준다.

살아 있는 동안 욕심으로 가득한 삶을 살았던 자신의 모습을 깨달은 스크루지는 반성하며 잠에서 깨어나는데 그날은 다행히도 크리스마스였다. 스크루지는 크로체트 가족에게 칠면조를 선물하고, 큰돈을 기부한다. 조카의 가족과 크리스마스를 보내며 함께하는 것의 행복을 깨닫는다.

지은이 찰스 디킨스(1812~1870). 빅토리아 시대를 대표하는 영국 소설가 창작 시기 1843년
특징 해마다 발표한 5편의《크리스마스 이야기》중 제1작

시크릿한 책 속 이야기

구두쇠의 표본인 스크루지는 《흥부전》의 놀부를 연상케 해요. 놀부와 다른
점은 스크루지는 올바른 삶에 대해 깨닫고 노력하는 것으로 이야기가 끝난다
면 놀부는 개과천선보다는 벌을 받고 끝나는 것이겠지요.

고전을 읽을 때 동양과 서양의 비슷한 고전을 비교해서 읽는 것을 추천해
요.《레 미제라블》에서의 '정직'과《금도끼 은도끼》의 '정직'을 비교해도 좋고,
판소리계 소설인《춘향전》과《레 미제라블》의 〈성난 민중의 노래〉를 함께 공
부해 봐도 좋아요. 시대와 배경이 비슷한 이야기를 비교하는 것도 우리 아이
들이 배경지식을 넓히고 사고를 확장시키기에 참 좋은 방법이라고 생각해요.

고전에서 배우는 문학

• 소설의 구성 단계

구조	핵심	5막 구조
발단	사건의 암시	등장인물들과 배경을 소개하고 앞으로 일어날 사건의 실마리를 드러낸다.
전개	사건의 발생	사건이 발생하고 구체적으로 갈등이 일어난다.
위기	사건의 반전	새로운 사건이 발생하고, 주인공은 중대한 선택을 한다.
절정	사건의 전환	가장 극적인 단계로 등장인물들의 갈등이 절정에 달한다.
결말	사건의 해결	사건을 해결한다.

• 소설 구성의 3요소

인물	이야기에 등장하는 사람, 이야기를 이끌어 가는 사람
사건	인물 사이에서 벌어지는 이야기, 주로 갈등 상황이 사건이 됨.
배경	일이 일어나는 시간과 공간

• 소설 구성의 3요소로《크리스마스 캐럴》을 분석해 볼까요?

인물	
사건	
배경	

플랜더스의 개

빛나는 한 문장

"친구란 내 슬픔을 등에 지고 가는 사람이다."

— 미국 원주민 속담

책 속으로

벨기에 시골 마을에 넬로와 할아버지, 유기견 파트라슈가 살고 있다. 넬로는 편찮으신 할아버지를 대신해 파트라슈와 수레를 끌며 우유를 배달한다. 화가가 되는 것이 꿈인 넬로는 안트베르펜 성당에 걸려 있는 화가 루벤스의 그림을 보는 것을 소망하지만 돈이 없어 볼 수 없다. 어느 날 넬로는 친구 알로이스의 초상화를 그려 주는데, 알로이스의 아버지는 딸이 가난한 넬로와 어울리는 것을 반대하고 둘의 사이를 떼어 놓는다. 할아버지가 돌아가시고 넬로는 알로이스 아버지가 운영하는 방앗간의 방화범이라는 누명을 쓴 채 마을에서도 쫓겨나게 된다. 추운 겨울날, 파트라슈는 눈 속에 파묻혀 있던 돈주머니를 발견하는데 그 돈은 알로이스 아버지가 은행에서 대출받은 2천 프랑이었다. 다행히 주머니에 쓰인 이름을 보고 넬로가 돈을 찾아 준다.

넬로의 진심을 알게 된 알로이스의 부모님과 동네 사람들이 넬로를 찾아가지만 넬로는 주인 아주머니께 집세를 갚지 못한 미안함과 파트라슈를 부탁한다는 내용의 편지를 남긴 채 사라졌다. 그 시간 넬로는 눈보라 속에서 성당으로 향하고 파트라슈는 넬로의 냄새로 흔적을 찾으며 성당으로 뒤따라간다. 넬로는 대성당에서 루벤스의 그림을 보게 되었지만 추운 날씨 탓에 쓰러지고 만다. 그런 넬로 옆에 파트라슈가 함께했고, 다음 날 사람들이 그들을 발견했을 때 둘은 이미 세상을 떠난 후였다.

지은이 위다(1839~1908). 본명은 마리아 루이즈 드 라 라메(Marie Louise de la Ramee)로 영국의 여성 소설가 창작 시기 1872년 특징 영국 작가가 쓴 책이지만 벨기에를 배경으로 한 이야기

시크릿한 책 속 이야기

《플랜더스의 개》는 슬픈 결말에도 불구하고 우정과 사랑을 보여 주는 따뜻한 동화이기에 온책 읽기나 도덕 수업 자료로 많이 쓰이는 고전이에요.

조손 가족의 형태, 반려견과 함께 사는 모습은 다양한 가족에 대해 배우는 3학년 사회 수업의 제재가 될 수 있어요. 또, 넬로가 보고 싶어 하는 루벤스의 그림을 보며 미술 수업에 응용해 볼 수도 있지요. 파트라슈가 발견해 알로이스 아버지에게 찾아 준 2천 프랑의 가치를 생각하며 당시의 경제와 사회를 살펴볼 수 있어요. 또, '차별'에 대한 가치 공부도 할 수 있지요.

넬로와 같은 불우한 환경의 아이들에게 진정 필요한 것이 무엇인지, 인간과 동물의 사랑에 대해서도 이야기 해 볼 수 있지요.

이처럼 가정에서도 다양한 융합 수업이 가능하답니다.

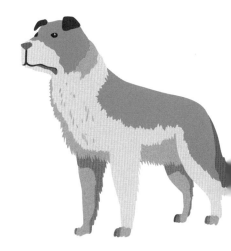

고전을 통해 키우는 문해력 **생각 넓히기**

• 《플랜더스의 개》는 벨기에를 배경으로 한 작품이에요. 작품 속의 사회 모습과 지금 사회의 가장 큰 차이는 무엇일까요?

소설 속 사회	현재 사회
가난한 아이들은 학교에 가지 못한다.	초등학교는 의무 교육이라 누구나 학교에 갈 수 있다.

• 여러분이 소설가가 되어 《플랜더스의 개》의 내용을 바꾸어 볼까요?

바꾸고 싶은 내용	어떻게 바꾸면 좋을까?

• 여러분이 소설가가 되어 《플랜더스의 개》의 등장인물 중 한 명의 성격을 바꿔 볼까요? 내용은 어떻게 바뀌게 될까요?

바꾸고 싶은 등장인물	
바뀐 성격	
바뀐 내용	

피노키오

"양심은 사람들에게 들리지 않는 작은 목소리야."

책 속으로

　가족 없이 외롭게 지내는 목수 제페토 할아버지는 어느 날 말하는 나무토막을 얻는다. 할아버지는 그것으로 나무 인형을 만들어 '피노키오'라 이름 짓고 아들로 삼았다. 가난한 할아버지는 피노키오를 학교에 보내기 위해 외투까지 팔지만 학교 가는 길에 서커스단을 만난 피노키오는 서커스 구경을 가 버린다. 그곳에서 피노키오는 장작이 될 뻔한 위기를 겪지만 의리를 보여 준 덕분에 금화를 얻어 빠져나온다.

　하지만 말썽쟁이 피노키오는 여우와 고양이의 꾐에 빠져 금화를 잃어버리고 또다시 위험에 처한다. 다행히 푸른 요정이 나타나 피노키오를 구해 주지만 착하게 살면 사람이 되고, 거짓말을 하면 코가 길어지는 벌을 준다. 사람이 되고 싶은 피노키오는 장난을 그만 치고 싶지만 장난감 나라로 가자는 친구의 말에 호기심으로 따라갔다가 당나귀가 된다. 당나귀가 된 피노키오는 요정의 도움으로 탈출하지만 고래에게 잡아먹히고 고래 뱃속에서 자신을 찾으러 온 제페토 할아버지를 만난다. 할아버지와 피노키오는 고래 배에 불을 피워 가까스로 탈출한다. 이후 피노키오는 공부도 열심히 하고 말도 잘 들으며 착하게 지낸다. 착한 마음씨 덕분에 피노키오는 진짜 사람이 되고 할아버지와 행복하게 산다.

지은이 카를로 콜로디(1826~1890). 본명은 카를로 로렌치니로 이탈리아의 아동 문학 작가
창작 시기 1883년   특징 전 세계 260개 언어로 번역, 세계에서 가장 많이 번역된 책 중 하나

시크릿한 책 속 이야기

콜버그(Kohlberg)의 도덕성 발달이론에 따르면 초등 학령기 아이들은 '인습 이전 단계' 수준이에요. 이 시기의 아이들에게는 정확한 규칙과 올바른 행동에 대해 알려 줘야 해요. 학교에서는 바르게 앉기, 복도에서 뛰지 않기, 친구와 사이좋게 지내기 등 가장 기초적인 교육을 하지요.

초등 고학년이 되면 '인습 단계'가 되는데 우리가 흔히 아는 착한 아이가 되고자 하는 시기예요. 칭찬을 받기 위해 도덕적인 행동을 하는 것이죠. 좀 더 성장하면 법은 무조건 지켜야 한다고 생각하는 법과 질서 지향의 도덕성으로 발전해 가게 됩니다.

피노키오는 자신의 욕구에 따라 행동해요. 하고 싶은 건 하고, 들키지 않고 혼나지 않으면 된다고 생각하죠. 초등 저학년에서 흔히 볼 수 있는 모습이에요. 장난스런 행동이 얼마나 위험한 상황을 만드는지 아이들은 피노키오의 모습을 보며 깨달을 수 있어요. 실제라고 생각하면 아찔한 내용이 많답니다.

책을 읽으며 아이가 '도덕'에 대해 어떻게 생각하는지 이야기 나눠 보며 시기에 따라 적절한 교육을 하셨으면 해요.

고전에서 배우는 어휘 《피노키오》속 어휘

- 꼭두각시

  - 뜻   스스로는 움직이지 못하고 다른 사람이 조종해야 움직이는 사람을 비유해서 이르는 말

  - 유래   우리나라 민속 인형극 〈박첨지 놀이〉에서 박첨지의 아내 역인 '나무로 깎아 만든 젊은 색시 인형'을 가리키던 말.
    인형의 고유어인 '꼭두' + 색시를 뜻하는 '각시'

  - 예시   준우는 우리 반 반장이다. 친구들은 모두 준우를 좋아한다. 그래서 나는 준우가 시키는 일을 꼭두각시처럼 했다.

  - 비슷한 말   허수아비, 마리오네트

• 동요 〈피노키오〉를 들어 봅시다.
　"꼭두각시 인형 피노키오 나는 네가 좋구나~"로 시작하는 〈피노키오〉 노래를 들어 보아요.

〈피노키오〉 노래

마지막 잎새

"사람에게 소중한 것은
이 세상에서 몇 년을 살았느냐가 아니라
이 세상에서 얼마만큼
가치 있는 일을 하느냐다."

책 속으로

가난한 화가 지망생 수와 존시는 뉴욕의 예술가 마을 그리니치의 벽돌집 3층에 살고 있다. 찬바람이 불던 11월, 마을에 폐렴이 유행하면서 존시는 폐렴에 걸려 병석에 눕고 만다. 의사는 생존 확률이 10퍼센트 정도라며 환자가 삶에 대한 의지가 강해야 한다고 말한다. 하지만 존시는 수의 위로와 격려에도 희망을 잃고 창문 밖 담쟁이 넝쿨 잎이 다 떨어질 때 자기의 생명도 끝난다고 생각한다. 벽돌집 1층에는 40년간 그림을 그렸지만 이렇다 할 작품을 남기지 못한 화가 베어맨 영감이 살고 있었다. 어느 날 수에게 존시의 이야기를 들은 영감은 눈물을 흘린다.

진눈깨비가 내린 밤, 수는 모든 잎새가 떨어져 존시가 삶의 희망을 놓을까 봐 걱정한다. 이튿날 아침 창문을 열자 거센 비바람에도 마지막 잎새는 굳건히 붙어 있었다. 다음 날에도 마지막 잎새는 그대로 매달려 있었다. 비바람에도 흔들리지 않는 잎새를 보며 존시는 삶에 대한 의지를 다지며 건강을 회복한다. 그러나 그들은 베어맨 영감이 폐렴에 걸린 지 이틀 만에 죽었다는 사실을 알게 된다. 영감의 방에서는 사다리와 붓, 노란색과 초록색이 섞여 있는 팔레트가 발견되었다. 잎사귀 색과 같은 색이었다. 마지막 잎새는 베어맨 영감 인생 최고의 걸작이 된 것이다.

지은이 오 헨리(1862~1910). 본명은 윌리엄 시드니 포터(William Sidney Porter)로 미국의 소설가 창작 시기 1905년 특징 반전이 있는 이야기

시크릿한 책 속 이야기

의외로 징크스를 가진 친구들이 있어요. 계단을 오른발로 오를지 왼발로 오를지 고민하거나, 시험 볼 때 선호하는 학용품만 사용하는 일종의 강박과 같은 것이죠. 이런 징크스는 마음에 숨어 있는 '불안' 때문에 생기는 것이에요. 시험 날 미역국을 먹으면 미끄러진다거나 컵을 깨트리면 불길한 일이 있을 것 같은 생각도 일종의 징크스죠. 어릴 때 편안함을 느꼈던 애착 인형이나 이불처럼 물건에 마음을 주거나 자신과 동일시하는 경우도 있어요.

〈마지막 잎새〉의 존시처럼 우리는 한 번쯤 마음속의 '마지막 잎새'를 가진 경험이 있을 거예요. 나만이 느끼는 애착의 무언가일 수도 있고, 희망일 수도 있어요.

여러분 마음속의 '마지막 잎새'는 무엇인가요?

오늘은 아이들과 어떤 사물의 변화나 환경에 자신의 운명을 맡기는 것보다 자신을 믿고 사랑하는 법에 대해 이야기를 나눠 보면 좋겠어요. 어떤 순간에도 절대로 떨어지지 않는 강한 의지와 믿음이 자신 안에 있다는 걸 깨닫는 시간을 만들어 보세요.

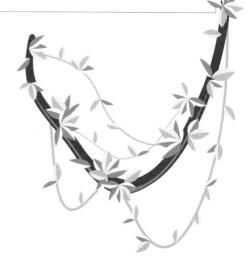

고전을 통해 키우는 문해력 생각 넓히기

1. 사람들은 왜 거짓말을 할까요?

2. 친구가 머리 스타일을 바꿨어요. 내가 보기에는 잘 어울리지 않는 것 같아요. 그런데 친구가 어떠냐고 물어요. 나는 어떻게 말해야 할까요?

3. 모든 거짓말은 다 나쁜 걸까요?

4. 하얀 거짓말 혹은 착한 거짓말은 해도 되는 걸까요?

5. 〈마지막 잎새〉에서 베어멘 영감은 존시에게 삶의 희망과 의지를 주기 위해 가짜 나뭇잎을 그렸어요. 영감의 거짓말에 대해 어떻게 생각하나요?

----

6. 여기 거짓말 탐지기가 있어요. 여러분이 했던 착한 거짓말과 나쁜 거짓말을 적고 거짓말을 했던 이유를 생각해 보면서 거짓말의 장단점을 써 봐요.

착한 거짓말		나쁜 거짓말	

장점	단점	장점	단점

빨간 머리 앤

> "생각대로 되지 않는 건 정말 멋져요.
> 생각지도 못했던 일이 일어나는걸요."

책 속으로

캐나다 프린스 에드워드 섬 초록 지붕 집에는 매슈와 마릴라 남매가 살고 있다. 그들은 농사일을 거들 남자아이를 입양하기로 했는데 스펜서 부인의 실수로 주근깨 얼굴에 빼빼 마른 빨간 머리 여자아이 앤 셜리를 만난다. 앤이 초록 지붕 집에서 꿈꾸듯 행복해 하는 모습을 본 남매는 마음이 약해지지만 앤을 다른 집에 보내기로 결정한다. 하지만 앤을 데려가려는 집이 일꾼을 가혹하게 부린다는 것을 알게 되고 마릴라는 고민 끝에 앤을 입양하기로 한다.

학교에 다니게 된 앤은 수업 시간에 자신을 놀린 길버트의 머리를 석판으로 때리고, 가장 친한 친구 다이애나에게 주스인 줄 알고 술을 먹이는 실수를 하지만 특유의 명랑하고 밝은 성격으로 극복해 나간다. 이후 앤은 열심히 공부해 장학금을 받고 대학에 입학한다. 하지만 매슈가 심장마비로 죽고 마릴라도 실명의 위기에 처하게 되자 대학 진학을 포기하고 마을의 선생님이 되기로 한다. 이미 선생님으로 내정되어 있던 길버트는 앤의 소식을 듣고는 자리를 양보하는데, 이를 알게 된 앤은 오랜 시간 길버트와의 사이에서 있었던 오해를 풀고 둘은 사랑하는 사이가 된다.

지은이 루시 모드 몽고메리(1874~1942). 캐나다의 교사, 기자, 시인, 소설가   창작 시기 1908~1939년   특징 작가가 어린 시절을 보낸 프린스 에드워드 섬을 배경으로 하는 대하소설

시크릿한 책 속 이야기

빨간 머리 앤은 씩씩하게 자신의 운명을 개척하는 진취적인 캐릭터지요. 주근깨에 빨간 머리, 깡마른 몸은 사랑스러운 외모는 아니지만 앤이 하는 말은 사랑스러움 그 자체예요.

갖고 태어난 외모는 우리의 의지로 바꾸긴 쉽지 않지만 우리가 하는 말은 사람의 마음을 움직이고 좋은 영향력을 만들 수 있답니다. 외모와 상관없이 자신의 현재를 사랑하고 미래에 대해 희망찬 말을 하는 친구들은 주변 사람까지도 행복하게 해요.

고아에 외모도 사랑스럽지 못했던 앤이 전 세계인에게 사랑받고 있는 것처럼 우리 아이들도 가진 것에 감사하고 삶을 사랑하는 아이들로 자랐으면 좋겠어요. "내가 빨간 머리 앤이었다면?"이라는 질문을 통해 삶을 대하는 태도에 대해 이야기 나눠 보면 어떨까요?

고전을 통해 키우는 문해력 《빨간 머리 앤》 필사하기

• 빨간 머리 앤은 다가올 삶에 대한 희망이 가득한 사랑스러운 소녀랍니다.
'긍정의 아이콘' 앤이 하는 말을 따라 써 볼까요?

이제부터 발견할 일이 잔뜩 있다는 건 멋진 일이니까요. 뭐든 미리 다 알
고 있다면 시시하지 않겠어요? 제가 상상할 거리가 없어지잖아요.

정말로 행복한 나날이란 멋지고 놀라운 일이 일어나는 날이 아니라 진주
알들이 하나하나 한 줄로 꿰어지듯이 소박하고 자잘한 기쁨들이 조용히
이어지는 날들인 것 같아요.

세상은 생각대로 되지 않는다고 하지만 생각대로 되지 않는 건 정말 멋진 것 같아요. 생각지도 못했던 일이 일어나는걸요.

침대는 잠만 자는 곳이 아니에요. 꿈을 꾸는 곳이기도 해요.

내일을 생각하면 기분 좋지 않나요? 내일은 아직 아무 실수도 저지르지 않은 새로운 날이잖아요.

키다리 아저씨

> "상상력은 사람에게 가장 필요한 자질인 것 같아요.
> 상상력이 다른 사람 입장에서 생각하게 하잖아요."

책 속으로

어릴 때 부모를 잃고 고아원에 사는 여자아이의 이름은 애벗이다. 애벗은 고아원 원장이 전화번호부 앞의 이름을 대충 가져다 붙여 준 이름이었다. 애벗은 이 이름 대신 '주디'라는 애칭을 더 좋아한다. 어느 날 주디를 대학에 보내주겠다는 익명의 후원자가 나타난다. 후원의 조건은 주디가 공부하고 생활하는 내용을 한 달에 한 번 편지로 써 주는 것이다. 이름도 얼굴도 모르는 후원자지만 우연히 본 긴 그림자로 주디는 그를 '키다리 아저씨'라 부르기로 한다. 대학생이 된 주디는 힘들거나 기쁜 일이 있을 때면 어김없이 키다리 아저씨에게 편지를 쓰며 성장해 간다.

주디는 여름방학에 친구 샐리의 오빠 지미로부터 산장 초대를 받는데 키다리 아저씨는 농장으로 가서 지낼 것을 명령한다. 주디는 농장에서 뉴욕 최고 명문가의 자제이자 줄리아의 삼촌 저비스를 만나 행복한 시간을 보낸다. 소설을 팔아 1,000달러를 번 주디는 키다리 아저씨에게 학비를 갚아 나가고자 하는데 아저씨는 용돈을 더 보내며 거부한다. 대학 졸업식에도 아저씨는 오지 않았고, 지미와 저비스가 주디의 졸업을 축하해 주었다. 언제부터인가 주디가 보내는 편지엔 저비스에 대한 이야기가 가득해졌고, 아저씨에겐 미안하지만 저비스를 좋아하고 있음을 고백한다. 이윽고 주디는 저비스에게 청혼을 받지만 고아라는 자신의 처지 때문에 그 청혼을 거절한다. 얼마 후 주디는 키다리 아저씨의 초대를 받게 되고 그곳에서 저비스가 키다리 아저씨였음을 알게 된다. 주디는 뜨거운 눈물을 흘리며 둘은 사랑을 확인한다.

지은이 진 웹스터(1876~1916). 미국의 아동 문학가   창작 시기 1912년   특징 편지체(서간체) 소설

시크릿한 책 속 이야기

자신이 어떤 이야기를 해도 들어 주고 위로해 줄 지지자, 이 세상에서 한없이 내 편인 키다리 아저씨. 듣기만 해도 든든하지요? 우리 아이들의 영원한 키다리 아저씨는 바로 부모님이랍니다.

하지만 키다리 아저씨를 가질 수 없는 아이들도 있지요. 내 아이는 물론이고 주위의 아이들에게도 늘 따스한 손을 내밀어 주는 어른이 필요해요. '한 아이를 키우는 데 온 동네가 필요하다.'는 말이 있잖아요. 우리 주변에 키다리 아저씨가 필요한 아이들이 있는지 찾아보고 든든한 후원자가 되어 보면 어떨까요?

고전에서 배우는 문학

- 서간체 소설(書簡體小說) 등장인물의 편지(서간)를 이용하여 이야기를 전
  개하는 소설의 형식
    예)《키다리 아저씨》,《젊은 베르테르의 슬픔》

- 편지의 구성 요소
    ① 받는 사람   ② 첫인사(안부 인사, 계절 인사)   ③ 전할 내용
    ④ 끝인사   ⑤ 쓴 날짜   ⑥ 쓴 사람

윤지선 선생님께 ← 받는 사람

선생님 안녕하세요.
추운 겨울이 지나고 따뜻한 봄이 왔어요. 건강하시지요? ← 첫인사
스승의 날을 맞아 선생님께 감사한 마음을 전하고 싶어서 편지를 드려
요. 제가 친구 관계로 힘들었을 때 선생님의 따뜻한 위로가 큰 도움이 되었
어요. 늘 저의 편인 선생님이 계셔서 든든했고 잘 이겨 낼 수 있었어요. 감
사합니다, 선생님. ← 전할 내용
선생님 늘 건강하세요.
다음에 꼭 찾아뵙겠습니다. ← 끝인사

2024년 6월 30일 ← 쓴 날짜
제자 박소빈 올림 ← 쓴 사람

• 편지의 구성 요소에 맞춰 키다리 아저씨에게 하고 싶은 말을 써 볼까요?

키다리 아저씨께

올리버 트위스트

빛나는 한 문장

> "인생은 가까이서 보면 비극이지만
> 멀리서 보면 하나의 희극이다."

책 속으로

빈민 구제소에서 태어난 올리버는 고아원에서 불후한 어린 시절을 보낸다. 늘 굶주리던 올리버가 죽을 더 달라고 요청하자 돌아온 건 심한 매질이었고 올리버는 노예 같은 삶에서 탈출한다. 런던을 헤매던 올리버는 악당 페긴의 소굴로 들어간다. 눈치 없고 순진한 올리버는 다른 사람의 죄를 뒤집어쓰고 체포되지만 목격자의 도움으로 풀려난다. 다행히 친절한 노신사 브라운로우가 올리버를 보살펴 주지만 또다시 페긴에게 끌려가고 만다. 올리버는 어쩔 수 없는 상황에서 부잣집을 도둑질하다 총을 맞고 들판에 버려진다. 그러나 집 주인인 메일리 부인, 로즈, 의사 로스번의 도움으로 기력을 회복한다. 알고 보니 올리버를 도둑으로 만든 것은 그의 재산을 가로채려는 그의 이복형이었다.

올리버를 도와주려던 낸시는 강도 사이크스에게 죽임을 당하고 모든 걸 알게 된 브라운로우는 올리버를 돕는다. 알고 보니 브라운로우는 올리버 아버지의 친구였고, 로즈는 올리버의 이모였다. 올리버는 아버지의 재산을 물려받고, 브라운로우의 양자가 되어 훌륭한 청년으로 자란다.

지은이 찰스 디킨스(1812~1870). 빅토리아 시대를 대표하는 작가. 영국 화폐 10파운드의 주인 공이기도 하다. 창작 시기 1838년 특징 사회풍자 소설로 부제목은 '고아 소년의 여정'이다.

시크릿한 책 속 이야기

영국인들이 《올리버 트위스트》에 열광하는 이유는 영국의 '젠틀맨' 정신이 올리버에게 깃들어 있기 때문이에요. 올리버는 가난과 굶주림 속에도 빛나는 모습을 보여 줘요. 어떤 고난과 역경에도 바른 말을 하는 정의감과 나쁜 일은 결단코 하지 않으려는 신사의 품위를 지키는 올리버를 영국인 그 자체라고 생각하는 것이죠.

요즘은 많은 부모가 자녀의 '좌절'에 상당히 민감한 반응을 보여요. 실패와 좌절은 아이의 자존감을 떨어뜨린다고 지레짐작하는 거죠. 사실 실패란 새로운 기회와 도전을 가능케 하는 살아 있는 공부예요. 아이가 넘어지고 깨지는 모든 순간에 부모가 함께할 수 없기에 아이가 스스로를 일으켜 세우는 힘을 가르쳐야 해요. 고난 속에서도 빛나는 자존감과 순수함, 의지, 인내심, 자신감 같은 건 시련의 극복 과정에서 멋지게 피어나니까요.

고전에서 배우는 상식 산업혁명 이후의 영국 사회

- 부익부 빈익빈의 시대

18세기 산업혁명으로 19세기 영국은 유래 없이 부유해졌어요. 사람들은 농촌을 떠나 도시로 모여들었지요. 지방 귀족은 몰락하고 도시의 자본가들이 늘어나기 시작했어요.

그러나 행복한 생활을 꿈꾸며 도시로 이주한 사람들의 바람과 달리 잘 먹고 잘사는 부자들은 소수였고, 노동자들은 공장의 부속품처럼 힘들게 일해야 했어요. 그래도 가난을 벗어날 수 없었죠. 어린아이들도 하루 12~14시간 이상 고된 노동에 시달렸어요.

도시로 몰려든 노동자는 많은데 일자리는 한정되어 있으니 실업자는 넘쳐나고 임금은 점점 떨어졌답니다. 부자는 계속 부자가 되고 가난한 사람은 계속 가난해지는 '부익부 빈익빈'의 시대가 시작된 것이죠.

부모 없이 고아원에서 자라야 했던 아이들의 처지는 더욱 심각해 학대와 굶주림 속에서 자라거나 악당의 무리에 들어가 소매치기가 되고 구걸을 해야만 했답니다.

- 신구빈법 제정

  영국은 산업혁명 이후에 '신구빈법'을 제정해요. 당시 영국은 빈민들이 생산적 활동에 참여하는 데 필요한 습관을 가지지 못하였으며, 그들의 나태가 노동 습관과 기술에 악영향을 주고 이것이 빈곤의 주요한 원인이라고 보았어요. 그래서 빈민들에게 낮은 대우를 해 줘 그들 스스로 가난에서 벗어나게 하는 게 중요하다고 생각했어요. 가난한 사람들은 노역장에서 힘들게 일해야 했고, 최하층 노동자보다 더 낮은 임금을 받아야 했어요. '열등처우의 원칙'이 엄격하게 적용되었기 때문이에요.

  지금은 전 세계가 다양한 복지제도를 통해 가난하고 어려운 사람들을 살피려고 노력하고 있지만, 《올리버 트위스트》의 배경이 된 당시 사회에서는 가난한 사람들은 불성실하고 낭비하는 사람이라고 낙인찍었어요. 그래서 그들의 이주(이사)의 자유와 선거권을 박탈했죠.

  지금 생각하면 참 이상한 정책인데 당시 사람들의 생각은 그랬대요. 다행히 이 법은 1949년에 폐지되었습니다.

왕자와 거지

빛나는 한 문장

"배움은 정신을 순화하고 관대함과 자비를 낳는다."

책 속으로

헨리 8세가 영국을 다스리던 때 같은 해, 같은 날에 에드워드 왕자와 가난한 거지의 아들 톰이 태어났다. 거지 톰이 왕궁 주변을 서성이다 에드워드 왕자를 만나게 되는데, 근위병이 톰을 매몰차게 대하자 왕자는 톰을 궁궐에 들인다. 그리고 에드워드와 톰은 서로의 옷을 바꿔 입는다. 왕자는 궁궐 밖의 생활이 궁금했고 톰은 궁궐의 호화로운 생활이 부러웠기 때문이다. 쌍둥이처럼 닮은 외모로 옷만 바꿔 입었을 뿐인데 둘의 신분은 뒤바뀌었다.

처음에 궁궐 생활에 적응하지 못하던 톰은 차츰 적응하여 왕자의 역할을 해나간다. 헨리 8세가 죽자 사람들은 톰의 대관식을 준비한다. 이에 비해 에드워드는 구걸을 시키는 아버지에게 맞고 굶주리며 백성들의 어려움을 깨닫게 된다. 구세주처럼 에드워드의 편이 되어 준 마일스 헨든은 거지 소굴에서 그를 구해 주지만 헨든조차 에드워드가 왕자라는 사실은 믿지 않는다.

톰이 국왕이 되는 대관식이 있던 날 그의 어머니는 톰에게 아들이라 외치고 사람들은 그녀를 미친 사람 취급한다. 톰은 그런 어머니를 못 본 척하지만 양심의 가책을 느낀다. 그때 진짜 왕자인 에드워드가 나타나 옥새를 찾으며 자신의 신분을 증명하고 국왕의 자리에 앉는다. 에드워드는 백성들을 지극히 살피는 훌륭한 국왕이 되었고, 거지였던 톰은 에드워드의 도움으로 자선 학교의 원장이 된다.

지은이 마크 트웨인(1835~1910). 미국 문학의 아버지 창작 시기 1881년 특징 소설의 시대적 배경은 16세기 영국 런던이지만, 12~13세기 북유럽의 '왕자와 시종'이라는 전설을 바탕으로 쓴 사회풍자 소설

시크릿한 책 속 이야기

《왕자와 거지》는 얼굴이 똑 닮은 두 사람의 신분이 뒤바뀌는 흥미진진한 이야기를 담고 있어요. 국어 시간에 자주하는 활동 중에 '역할극'이 있는데, 신분이 바뀌거나 상황을 바꿔 보고 연기하는 장면에서 제재로 많이 활용되는 작품이기도 합니다. 작가 마크 트웨인은 딸들을 위해 이 작품을 지었는데, 어떤 책보다 흥미로워하며 좋아했다고 해요.

《왕자와 거지》엔 헨리 8세, 에드워드 6세 등 영국의 실존 왕들이 나와요. 그 시대를 통해 작가는 허례허식에 젖어 있는 귀족과 열심히 살아도 가난을 벗어날 수 없던 평민들의 삶을 풍자적으로 그렸어요. 사람은 평등한데 신분에 따라 대우가 달라지는 모습, 진실을 말해도 들어 주지 않는 사람들의 모습이 생생해서 재미를 주지요. 우리 아이들은 이 작품을 통해 상대의 상황을 이해하는 역지사지의 마음도 배우고, 어려운 상황에서도 끝까지 자신을 지켜 가는 용기를 배울 수 있을 거예요.

고전에서 배우는 문학

- 풍자소설

  어떤 나쁜 상황을 말할 때 직접적으로 말하지 않고 비꼬거나 과장해서 재미있게 표현하여 현실을 비판하는 소설

  예)《걸리버 여행기》,《동물농장》,《돈키호테》, 〈허생전〉, 〈양반전〉,《홍길동전》등

전	후
왕자 나는 정신과 가슴이 굶주렸어. 배만 부르면 다가 아니야. 나와 옷을 바꿔 입고 네가 왕자가 되는 거야. 나는 자유롭고 싶어. 거지 굶주림이 얼마나 힘든 줄 아세요? 하루라도 편히 먹고 잘 수 있다면 영혼이라도 팔 수 있어요.	왕자 더럽고 가난한 이곳에서 살기는 너무 힘들어. 내가 진짜 왕자야. 문지기 문 좀 열어 줘. 거지 나는 자유롭고 싶어. 백성은 굶주리는데 매일 파티를 하며 쓸데없는 예의를 차리는 이 상황이 너무 싫어.

왕자와 거지가 보고 듣는 것에서 느껴지는 극심한 빈부격차, 백성은 돌보지 않고 사치하는 귀족들의 삶을 풍자하고 있어요. 옷을 바꿔 입었다고 사람이 바뀌는 건 아닌데 문지기들은 왕자가 찾아와 자신이 진짜 왕자라고 말해도 들어 주지 않죠. 단지 입고 있는 옷이 바뀐 것뿐인데도 말이죠. 결국 사람은 신분과 관계없이 똑같고, 귀족들은 단지 좋은 옷을 입은 겉모습에 불과하다는 것을 왕자와 거지에 빗대어 풍자하고 있어요.

- 왕자와 거지처럼 신분이 바뀌어 버리고 그 누구도 나를 믿어 주지 않는다면 여러분은 어떻게 '나'임을 증명할 수 있을까요?

그 누구와 비교할 수 없는 나의 장점, 특징을 동그라미 안에 써 보세요.

바보 이반

"깊은 강물은 돌을 집어 던져도 흐려지지 않는다."

책 속으로

옛날 러시아에 군인 세몬, 배불뚝이 차라스, 이반 세 형제와 귀가 들리지 않는 누이동생 마라냐가 살았다. 어느 날 큰형 세몬과 작은형 차라스는 이반 몫의 재산까지 빼앗아 집을 나갔다. 하지만 이반은 묵묵히 농사를 지으며 부모님과 여동생을 지극히 보살피면서 행복하게 산다.

이를 시샘한 세 명의 악마는 이반을 시험한다. 첫 번째 악마는 산에서 나무하는 이반을 방해하지만 오히려 이반에게 혼이 나고 금화 만드는 법을 가르쳐 준다. 두 번째 악마는 보리를 베는 이반 앞에 나타나지만 이반이 보릿단을 낫으로 찍자 꼬리가 잘린 악마는 군인 만드는 법을 가르쳐 준다. 이반은 악마가 가르쳐 준 방법대로 금화를 만들어 마을 사람들에게 나누어 주고 군인도 만든다. 하지만 이번에도 작은형은 금화를 가지고 집을 나갔고, 큰형은 군인들을 데리고 전쟁터로 떠났다. 이반을 보자 거짓말처럼 병이 나은 공주님은 이반과 결혼하고, 이반은 열심히 농사를 지으며 착한 백성들과 행복하게 산다. 세 번째 악마가 나타나 금화를 뿌리며 일하지 않아도 된다고 유혹하지만 사람들은 여전히 부지런히 일한다. 악마는 착한 이반을 절대 이길 수 없다는 걸 깨닫고, 결국 이반의 나라 사람들은 열심히 일하는 기쁨을 맛보며 행복하게 살아간다.

지은이 톨스토이(1828~1910). 러시아의 소설가이자 사상가 ㅣ 창작 시기 1886년 ㅣ 특징 러시아의 민간 동화 〈바보 이반〉을 재구성한 단편소설

시크릿한 책 속 이야기

교실에서 아이들과 생활하다 보면 '악화가 양화를 구축한다.'는 말을 실감할 때가 많아요. 나쁜 아이들이 착한 아이들을 악하게 만드는 경우가 있거든요. 착한 행동을 따라 해야 하는데 악한 행동이 재미있게 보이면 아이들은 그 행동을 따라 하는 거죠. 그런데 우리 인간에게는 선한 본성이 있어요. '바보 이반' 같은 중재자들이 교실 어딘가에서 나타나 무심하고 평범하게 질서를 잡아 준답니다. 무질서하게 보이는 놀이도 그 속에는 규칙이 존재하는 것이 아이들의 세계거든요. 그 규칙에는 선한 아이들의 중재가 분명 들어가 있는 거죠.

아이들이 아무것도 모르는 것 같지만 어쩌면 어른보다 순수하게 잘 알고 있어요. 나쁜 것이 무엇이고, 선한 것이 무엇인지를요. 결국 이반처럼 착한 아이들은 주위의 신임을 얻고 좋은 친구들과 끈끈한 우정을 맺습니다.

고전에서 배우는 문학

• 러시아의 대문호, 톨스토이

러시아의 자랑 톨스토이는 세계에서 가장 위대한 소설가 중 한 명이에요.
도스토예프스키와 함께 러시아 문학의 양대 산맥이라고도 불리운답니다.
톨스토이는 러시아의 귀족 집안에서 태어났어요. 하지만 부모님이 일찍
돌아가시고 먼 친척 집에서 자랐어요. 톨스토이는 대학에 입학했지만 크
림 전쟁에 군인으로 참전했어요.

전쟁에서 돌아온 톨스토이는 《어린 시절》로 소설가로 데뷔했어요. 이후
세계적인 명작 《전쟁과 평화》, 《안나 카레니나》, 《부활》, 《사람은 무엇으로
사는가》를 집필했어요. 크림 전쟁에 참전했던 경험이 수많은 작품에 영감
을 준 거죠.

그는 가난한 농민들을 위해 농민 운동을 했고, 농민들의 자녀를 위해 학교
를 세워 아이들을 가르쳤어요. 그러나 안타깝게도 82세에 폐렴으로 사망
했답니다.

톨스토이

고전을 통해 키우는 문해력 생각 넓히기

• 여러분은 잘 사는 것이 무엇이라고 생각하나요?
  돈, 명예, 재산, 건강, 사랑, 우정 등 여러분이 생각하는 '잘 사는 것'은 무엇이며, 그 이유는 무엇인지 생각해 보세요.

잘 사는 것이란?	
중요한 가치	이유

피터 팬

빛나는 한 문장

> "너에게는 꿈을 이루기 위한 충분한 시간이 있어."

책 속으로

　영국 런던에 웬디와 존, 마이클 세 남매가 살았다. 어느 날 밤 그들의 침실로 피터 팬과 요정 팅커벨이 날아든다. 피터 팬은 잃어버린 그림자를 찾으러 왔다고 한다. 웬디는 피터 팬의 발에 그림자를 꿰매 주고 그 보답으로 네버랜드에 초대받는다. 네버랜드는 아이들의 천국이었고 누구도 늙지 않는 꿈의 섬이었다. 그때 후크 선장이 쳐들어와 공격을 하는 바람에 아이들은 뿔뿔이 흩어진다. 후크 선장의 공격으로 집을 잃은 아이들을 웬디와 피터 팬이 돌보기 시작하고 그들은 행복한 생활을 한다.

　어느 날 해적들이 인디언 추장의 딸 릴리를 잡아 가고, 피터 팬은 릴리를 구해 낸다. 이에 고마움을 느낀 인디언들은 피터 팬과 웬디, 아이들을 지켜 준다. 하지만 다시 해적들이 쳐들어와 웬디와 아이들을 납치한다. 후크 선장이 피터 팬과 싸우다 악어에 물려 한 팔을 잃었을 때 후크의 손목시계를 악어가 꿀꺽 삼켰고 이후 악어의 뱃속에서는 시계 소리가 났다. 피터 팬은 악어가 나타난 듯 시계 소리를 내며 후크를 떨게 하여 싸움에서 승리한다.

　웬디 남매는 집을 그리워하며 네버랜드를 떠나고 남매의 부모님은 남매와 함께 온 아이들을 입양하지만 피터팬은 다시 네버랜드로 돌아간다. 몇 년 후 아이들은 모두 어른이 되었고, 웬디는 결혼하여 제인을 낳는데 피터 팬은 더 이상 하늘을 날지 못하는 웬디 대신 제인을 데리고 땅속 집에 봄맞이 대청소를 하러 간다.

지은이 제임스 매슈 배리(1869~1937). 스코틀랜드의 작가   창작 시기 1904년   특징 1904년 5막의 크리스마스 아동극으로 초연되어 폭발적인 인기를 얻었고, 이후 1911년 작가가 줄거리를 다시 정리해 출판한 작품이《피터 팬과 웬디》이다.

시크릿한 책 속 이야기

《피터 팬》은 모험과 환상을 다룬 이야기예요. 아이들은 이 책을 읽으며 아무도 늙지 않는 아이들이 만든 세상에 대한 꿈을 꾸지요.

피터 팬은 웬디를 떠나면서 어른이 되지 않기를 약속하자고 해요. 하지만 웬디는 어른이 되었죠. 결국 여전히 아이인 피터 팬과 할머니가 된 웬디가 만나요. 어른이 된 웬디는 하늘을 날 수가 없고 자유롭지도 않아요. 동심을 잃어버린 순간 '하늘을 난다'는 건 상상할 수 없는 일이 되는 것이죠. 어른들은 과학과 수학을 배우며 인간이 어떤 도구 없이 나는 건 불가능하다는 걸 알아 버리니까요.

《피터 팬》을 읽으며 부모님의 어린 시절 꿈과 상상에 대해 아이들과 이야기 나눠 보면 어떨까요? 그리고 우리 아이들이 상상하는 세상에 대해서도 이야기를 들어 보면 좋겠어요.

- 피터 팬 증후군

몸은 어른이지만 동화 속 피터 팬처럼 영원히 어린이로 살고 싶어 하는 어른에게서 나타나는 증상. 나이가 들어도 영원히 어른이 되고 싶지 않은 마음이나 행동.

어른이 되면 스스로 계획을 세우고 자신의 삶을 만들어 가야 하는데 부모님께 의지한 채 독립적이지 못한 몸만 어른인 사람들이 있어요. 그들은 현실을 받아들이지 못하고 실행이 불가능한 이야기만 어린아이처럼 내뱉으며 자신의 뜻대로 되지 않으면 투정을 부리기도 하지요.

고전을 통해 키우는 문해력 생각 넓히기

- 가치 수직선 토론

  가치에 대한 개인의 생각을 수직선 위에 늘어놓고 의견을 나누는 토론 기법으로, 정답은 없으며 가치에 대한 서로의 판단이 다름을 이해할 수 있어요.

- 토론의 주제

  후크 선장은 피터 팬과 싸우면서 악어에게 한쪽 팔을 물려요. 평생 악어를 두려워하며 한쪽 팔로만 생활을 하게 되죠. 이렇게 나쁜 사람과 싸울 때는 그의 몸을 다치게 해도 옳은 걸까요?

  가족과 함께 토론을 해 봅시다.

처음 내 점수	토론 이후 내 점수

어린 왕자

> **"가장 중요한 건 눈에 보이지 않아."**

책 속으로

어릴 때 화가가 꿈이었던 남자는 조종사가 되었다. 그는 아프리카 사막을 여행하던 중 비행기 고장으로 불시착하고, 사막 한가운데서 B612라는 작은 혹성에서 온 어린 왕자를 만나게 된다. 어린 왕자는 자신의 별에서 만난 장미에게 사랑을 느끼고 정성으로 돌보지만 끊임없이 요구하고 투정하는 장미에게 지쳐 별을 떠나왔다고 한다. 여행길에서 왕자는 권위적인 왕이 다스리는 별, 허영심 많은 사람이 살고 있는 별, 술주정뱅이가 살고 있는 별, 하늘의 5억 개 별이 모두 자신의 것이라 믿는 과대망상증 사업가가 살고 있는 별, 1분마다 불을 켜고 끄는 가로등 지기의 별, 한 번도 산과 강을 본 적 없는 지리학자의 별을 방문했다. 그러다 일곱 번째로 방문한 곳이 지구였다.

지구에서 왕자는 길들여지길 원하는 여우를 만나 길들여지는 것엔 책임이 따른다는 것을 알게 된다. 그리고 지구에 피어난 수천 송이의 꽃들을 보며 자신의 별에 두고 온 장미를 그리워한다. 비행기 수리를 끝낸 조종사가 자신과 함께 가자고 하지만 어린 왕자는 장미를 돌봐 주러 가야겠다고 말하며 지구를 떠난다. 6년 후 조종사는 하늘의 수많은 별을 보며 어린 왕자가 분명 어딘가에서 살고 있을 것이라는 희망을 속삭인다.

지은이 생텍쥐페리(1900~1944). 프랑스의 작가이자 공군 장교   창작 시기 1943년   특징 어른을 위한 동화. 전 세계 약 300여 개의 언어로 번역되어 2억 부 이상 판매되었다.

시크릿한 책 속 이야기

《어린 왕자》는 '어른들을 위한 동화'라는 찬사를 받는 고전이에요. '어린 왕자'는 순수함의 상징으로 피터 팬처럼 늙지 않는 마음이나 외모를 가진 사람을 칭하는 말이기도 해요. 보아뱀을 삼킨 코끼리의 그림을 어른들은 '모자'라고 단정 짓지만 어린 왕자는 단번에 알아채지요. 순수한 동심이 지식보다 더 정확함을 말하는 대목이기도 해요. 때론 어른들도 아이들에게 배우는 것이 많잖아요.

이 책에서 우리는 어린 왕자를 통해 잃어버린 순수성을 깨닫게 됩니다. 가령 여우와 어린 왕자의 대화에서 관계의 책임에 대해 말하는 장면이 나와요. 여우는 '길들여지는 것'에 대해 말하며 길들여진다는 건 곧 책임이라고 알려주죠. 인간관계의 어려움이 바로 길들여지는 것 때문이란 걸 깨닫게 되는 순간이에요. 학교에서도 아이들은 관계 속에서 실망하고 성장하기도 해요. 하지만 세상엔 눈에 보이지 않는 것이 더 중요할 때도 있는 법이기에 이 책이 그 소중함을 일깨우는 데 도움을 줄 것이라 생각합니다.

x
고전을 통해 키우는 문해력 생각 넓히기

- 여러분이 인생에서 가장 소중하다고 생각하는 가치는 무엇인가요?
  여러분이 여든 살이 되어 그동안의 삶을 돌아보며 일기를 쓴다고 생각해
  보세요.
    예) 자유, 우정, 사랑, 건강, 명예, 인기, 성공, 경제적 부, 나눔…

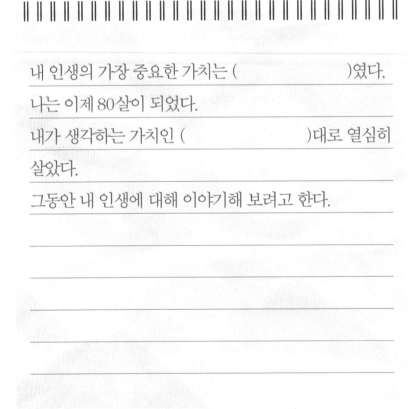

내 인생의 가장 중요한 가치는 (   )였다.

나는 이제 80살이 되었다.

내가 생각하는 가치인 (   )대로 열심히

살았다.

그동안 내 인생에 대해 이야기해 보려고 한다.

• 어린 왕자는 작은 별에 바오밥나무가 자라기 시작하면 별은 산산조각이 날 것이기 때문에 매일 뽑아 줘야 한다고 말해요. 여러분 마음속에도 뽑아야 할 바오밥나무가 있나요? 그 나무를 왜 빨리 뽑아 내야 하는지 말해 보아요.

내 마음속 바오밥나무	왜 뽑고 싶나요?

나의 라임오렌지 나무

> "서로 잊지 않고 가슴속에 깊이 품고 있으면
> 사라지는 일은 결코 없단다."

책 속으로

브라질에 사는 다섯 살 제제는 직장을 잃은 아버지와 공장에 다니는 원주민 출신 어머니, 다섯 형제와 가난하게 살고 있다. 장난꾸러기지만 영리한 제제는 글자를 혼자 깨우치고 마음으로 노래를 부르며 벌레, 동물들과도 교감한다. 어느 날 제제는 이사를 가게 되고 그 집 뒷마당에서 작은 라임오렌지 나무와 만난다. 나무는 제제에게 말을 걸어오고 둘은 친구가 된다. 제제는 나무를 '밍기뉴'라 부르며 위로받고 성장한다.

가족에게 따뜻한 위로와 사랑 대신 매질과 학대를 당하던 제제는 동네 아저씨 마누엘 발란다리스(뽀르뚜까)에게 진정한 우정과 깊은 사랑을 배운다. 그러나 밍기뉴는 도시계획으로 뽑혀 나갈 위기에 처하고, 자신을 지켜 주던 영혼의 친구 뽀르뚜까 아저씨는 기차 사고로 죽고 만다. 제제는 누구에게도 말하지 못하는 깊은 절망에 빠져 앓아눕는다. 병석에 누운 제제는 밍기뉴 꽃을 보며 이내 건강을 회복하고 어린 꼬마에서 소년으로 성장한다. 이후 꽃을 피운 밍기뉴에게서는 더 이상 어떤 소리도 들을 수 없었다. 밍기뉴 또한 어린 나무가 아닌 어른 나무가 되었기 때문이었다. 아버지가 취업에 성공하고 제제는 가족의 보살핌을 받게 되지만 자신의 어린 시절과 작별하듯 밍기뉴와 작별을 한다. 그리고 마흔여덟 살이 된 제제는 뽀르뚜까 아저씨에게 사랑 없이 사는 삶은 무의미하다는 것을 알게 해 준 당신이 떠나고 자신은 너무 일찍 철이 들어 버렸다고 고백하는 편지를 쓴다.

지은이 조제 마우로 데 바스콘셀로스(1920~1984). 브라질의 국민 작가 창작 시기 1968년
특징 작가의 자전적 이야기를 바탕으로 쓴 소설로 가난과 가정폭력으로 불우했던 어린 시절을
생생하게 이야기하고 있다.

시크릿한 책 속 이야기

《나의 라임오렌지 나무》는 대표적인 성장 소설이에요. 이 책은 초등 교과서
에 실려 있을 정도로 세계적인 명작이에요. 아이의 순수한 마음과 우정, 아름
다운 은유적 표현 등이 잘 나타나 있지요. 원작을 읽다 보면 아동학대를 당하
는 제제가 한없이 가여워지고, 그 작은 마음에서 일어나는 미묘한 변화에 숨
죽이게 된답니다.

교실에서는 맑은 눈망울의 아이들이 오늘도 성장하고 있어요. 그들의 장난
이 본의 아니게 곡해되거나 표현의 미숙으로 의도가 왜곡되는 경우 어른의 눈
으로 아이들을 나무라게 될 때 제제를 생각합니다. 아이가 어른이 된다는 것
은 순수함, 호기심과의 이별이라는 점에서 호기심은 어린아이의 특권이거든
요. 아이들의 장난은 호기심에서 비롯된 것이 많잖아요. 철이 든다는 것이 꼭
옳은 것만은 아닌데 어른들은 점잖고 모범적인 아이를 이상적이라 생각하죠.
오늘은 내 아이 속에 있는 제제를 발견하는 시간을 가져 보면 어떨까요?

고전을 통해 키우는 문해력 　생각 넓히기

- 여기 나무 한 그루가 있습니다. 이 나무는 여러분의 이야기라면 뭐든 들어
  주고 이해해 주는 친구랍니다. 나무에게 고민을 이야기하면 고민이 해결
  되고, 소원을 이야기하면 소원을 이루어 준대요.
  나무를 아름답게 꾸며 보고 이름과 별명을 붙여 보세요.

이름	
별명	
나의 고민	
나의 소원	
나무에게 꼭 하고 싶은 말	

꽃들에게 희망을

> "삶에는 무언가 그 이상의 것이 틀림없이 있을 거야."

책 속으로

알에서 깨어난 줄무늬 애벌레는 먹고사는 데만 몰두하는 애벌레의 삶에서 기쁨을 찾지 못하고 더 나은 삶의 목적을 찾아 길을 떠난다. 길을 가다 기둥을 오르는 애벌레들을 보고는 호기심에 그들을 따라 올라간다. 애벌레들은 구름으로 가려져 보이지도 않는 꼭대기로 올라가기 위해 서로를 짓밟는다. 같이 오르던 애벌레가 떨어져 죽어도 그 누구도 멈추지 않고 올라간다. 줄무늬 애벌레는 끊임없이 의문을 품었으나 멈추거나 생각하면 추락하기 때문에 오르는 걸 멈출 수 없었다.

줄무늬 애벌레는 기둥에서 노랑 애벌레를 만나 사랑에 빠지고 둘은 꼭 껴안고 기둥을 탈출하여 땅에서 평화롭고 행복하게 살아간다. 그러나 이루지 못한 것에 대한 아쉬움과 꼭대기에 있을 희망을 잊지 못한 줄무늬 애벌레는 다시 기둥을 오르기 위해 노랑 애벌레를 떠난다. 슬픔에 빠져 있던 노랑 애벌레는 늙은 애벌레를 만나고 날기 위해서는 자기를 바꾸어야 한다는 것을 알게 된다.

한편 이전의 실패를 생각하며 더 열심히 기둥을 오른 줄무늬 애벌레는 드디어 꼭대기에 오르지만 그곳에는 아무것도 없었다. 심지어 자신의 기둥 말고도 엄청나게 많은 기둥을 오르기 위해 경쟁하는 애벌레들을 보며 좌절한다. 그때 누구를 짓밟지 않고 자유롭게 날고 있는 노랑 애벌레를 발견하고 줄무늬 애벌레는 아래로 내려간다. 비로소 자기 안에 나비가 살고 있음을 알게 된 줄무늬 애벌레는 호랑나비로 변신하고 기둥에 붙어 의미 없이 치열한 경쟁을 벌이는 다른 애벌레들의 안내자가 된다.

지은이 트리나 폴러스(1931~). 작가이자 조각가, 운동가   창작 시기 1972년   특징 교과서 수록 도서

시크릿한 책 속 이야기

《꽃들에게 희망을》은 최고가 되기 위해 달려가는 경쟁 사회의 모습을 잘 보여 주고 있어요. 수많은 애벌레들이 친구를 짓밟고 오른 꼭대기에는 아무것도 없었고, 심지어 그보다 더 높이 올라야 할 것이 있다는 걸 알게 되죠.

우리의 모습도 크게 다르지 않아요. 자신의 의지와는 상관없이 다들 이렇게 사는 거라며 위로만 올라가려고 애쓰는 삶을 살고 있지는 않나요? 자신이 정말 하고 싶은 일이 무엇인지 의문을 품지 않고 그저 꼭대기에 올라가면, 1등을 하면 행복해질 거라 생각하며 말이죠.

우리 아이들은 모두 자신만의 나비를 품고 있는 존재랍니다. 아이들이 비교와 경쟁에 멍들어 그 사실을 잊지 않도록 정말 하고 싶은 일이 무엇인지, 그 꿈을 이루면 어떤 일을 하고 싶은지 이야기 나눠 보세요.

그리고 늙은 애벌레와 호랑나비가 된 줄무늬 애벌레의 도움으로 많은 애벌레들이 나비가 될 수 있었던 것처럼 우리 사회 또한 '연대'의 힘으로 바꿔 나갈 수 있다고 얘기해 주세요.

고전을 통해 키우는 문해력   생각 넓히기

단어	우리의 삶에서 무엇을 상징하는 것일까요?
애벌레	
기둥	
나비	

• 여러분의 꿈은 무엇인가요? 그 꿈을 이루고 싶은 이유는 무엇일까요?
  꿈을 이루고 난 후 어떤 일을 하고 싶나요?

• 다음은 브릿지 맵입니다. 생각을 표현하는 씽킹맵 중 하나예요.
  예시를 잘 보고 나와《꽃들에게 희망을》속 나비의 삶을 비교해 보세요.

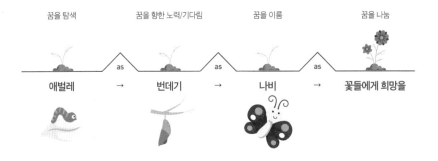

나의 삶과 나비의 삶

현직 교사가 알려 주는

논술 고전 50
서양 고전
─ 철학 고전

탈무드

"지혜로운 사람은 이 세상에 밝은 빛을 뿌린다."

책 속으로

《탈무드》는 유대인의 경전이기도 하나 가르침과 보완(보충)이 합쳐진 말로 '위대한 가르침', '배움'에 대한 책이다. 인간이라면 지켜야 할 예절, 도리 등 근본적 가치가 집대성되어 있다.

그 가운데 〈아무리 많은 금화를 준대도 아버지를 깨울 순 없다〉를 살펴보면, 고대 이스라엘의 '디머'라는 마을에 한 남자가 살았다. 그는 금화 3천 개에 해당하는 다이아몬드를 가지고 있었다. 유대인의 스승 랍비는 성전을 장식하기 위해 다이아몬드의 두 배 가격인 금화 6천 개를 가지고 그를 찾아왔다. 남자는 다이아몬드를 팔고 싶었지만 난처한 얼굴로 말했다. "죄송합니다만, 지금 드릴 수가 없습니다." 남자가 다이아몬드를 팔 수 없던 이유는 아버지가 금고의 열쇠를 베개 밑에 두고 낮잠을 주무시는데 아버지를 깨울 수 없기 때문이었다. 랍비는 남자를 이해할 수 없었다. 남자는 펄쩍 뛰며 주무시는 아버지를 깨워야 한다면 다이아몬드를 팔지 않겠다고 했다. 랍비는 남자의 말을 듣고는 크게 감탄하여 아버지가 깰 때까지 기다렸다고 한다.

효도하는 자식의 마음가짐이 잘 나타난 내용이다. 탈무드는 인간이 배워야 할 수많은 덕목을 재미있는 이야기로 쓴 책이다.

지은이 유대교 경전 창작 시기 기원전 200년대~500년대 특징 7세기 동안 이스라엘과 바빌론에서 축적된 유대 율법과 전승을 담은 책

시크릿한 책 속 이야기

《탈무드》는 무엇이든 물어보면 해답을 알려 주는 백과사전 같은 유대인의 경전이에요. 아이들에게 지혜와 용기를 주는 수많은 이야기가 실려 있고, 인간이라면 반드시 지켜야 할 예절과 도리에 대한 내용도 실려 있답니다. 아이들이 올바른 가치관을 만들어 갈 수 있는 이야기를 재미있는 일화를 들어 보여 주고 있죠.

예를 들어, 〈히렐의 공부법〉 이야기에는 가난한 히렐이 학교 지붕에 올라가 선생님 말씀을 듣고 공부하다가 추운 겨울날 정신을 잃고 쓰러지고 선생님과 학생들이 그의 공부를 도와줬다는 내용이 나와요. 부족함 없이 공부하는 우리 아이들에게 큰 울림과 깨달음을 주는 이야기지요.

아이들 연령에 맞는 《탈무드》를 선택하고 하루에 하나씩 읽으면서 중요한 가치가 무엇인지, 이야기를 읽고 내 생각은 어떻게 달라졌는지 대화를 나누는 시간을 갖는다면 아이들의 마음이 많이 성장할 거예요.

세상에서 가장 현명한 사람은
모든 사람으로부터 배울 수 있는 사람이며
가장 사랑받는 사람은
모든 사람을 칭찬하는 사람이요
가장 강한 사람은
자신의 감정을 조절할 줄 아는 사람이다.

만나는 모든 사람에게 무엇인가를 배울 수 있는 사람이
세상에서 가장 현명한 사람이다.

사람은 새와 같다. 새는 점점 더 높이 날 수 있지만,
날개를 멈추지 않고 계속 움직일 때만 가능하다.

사람에게 하나의 입과 두 개의 귀가 있는 것은
말하기보다 듣기를 두 배로 하라는 뜻이다.

결점이 없는 친구를 사귀려고 한다면
평생 친구를 가질 수 없을 것이다.

햄릿

"사느냐 죽느냐 그것이 문제로다."

책 속으로

  햄릿은 덴마크의 왕자이다. 아버지가 돌아가신 후 어머니 거투르드가 자신의 삼촌인 클로디어스와 재혼한 사실에 햄릿은 마음이 괴롭다. 햄릿은 밤마다 아버지의 유령과 만나는데, 아버지는 동생인 클로디어스가 자신을 독살했다며 복수해 달라고 부탁한다. 햄릿은 복수하기를 주저했지만 곧 결심하고 자신의 연인 오필리아까지 속이며 미친 사람처럼 행동한다.

  왕궁에 들어온 유랑 극단이 형을 독살하고 형의 아내와 결혼한 내용의 연극을 상영하자 왕인 클로디어스는 자리를 박차고 나간다. 이 모습을 본 햄릿은 아버지 유령이 한 말이 사실임을 직감한다. 햄릿은 아버지의 죽음에 누가 관여되었는지를 확인하다가 실수로 오필리아의 아버지를 죽이고 만다. 이 일에 충격을 받은 오필리아는 물에 뛰어들어 죽고, 이 소식을 들은 오필리아의 오빠 레어티스는 아버지와 동생의 복수를 하기 위해 독을 바른 칼로 햄릿과 펜싱 대결을 펼친다. 햄릿은 칼끝에 스쳐 상처를 입고 레어티스는 칼에 찔려 죽음을 맞이한다. 죽어 가는 레어티스는 칼끝에 독을 묻힌 사람은 왕 클로어디스라고 말하며 눈을 감는다.

  왕은 햄릿을 죽이기 위해 축배의 잔에 독을 타 놓았는데 이를 몰랐던 왕비 거투르드가 독주를 마시고 죽는다. 햄릿은 독이 묻은 칼로 왕 클로어디스를 찌르고 자신도 독에 중독되어 죽는다.

지은이 셰익스피어(1564~1616). 영국의 극작가, 시인, 배우.   창작 시기 1601년   특징 셰익스피어의 4대 비극 중 첫 번째로 창작

시크릿한 책 속 이야기

《햄릿》은 셰익스피어의 4대 비극 중 가장 먼저 쓴 희곡 작품이라고 해요. "사느냐 죽느냐 그것이 문제로다."라는 시대의 명언을 남기기도 했죠. 아버지가 돌아가시고 한 달도 안 되어 어머니가 삼촌과 재혼을 하면서 햄릿은 정체성이 흔들리죠. 자신의 실수로 사랑하는 연인 오필리아의 아버지와 오필리아까지 죽자 햄릿에게 삶은 고통이었을 거예요. 하지만 아버지의 복수를 위해 삶의 의지를 다잡고 끝까지 진실을 파헤치고자 했어요. 그러나 진실은 때론 잔인한 법! 햄릿도 진실의 쓴 칼날에 주저앉고 맙니다.

아이들이 읽기엔 다소 비극적인 이야기지요. 하지만 요즘에는 어린이와 청소년을 위한 내용으로 각색된 《햄릿》도 나오니 너무 걱정하지 않아도 될 것 같아요. 내용적 측면보다는 햄릿의 인간적인 고뇌, 셰익스피어가 만들어 낸 살아 있는 아름다운 문장, 인간이 가진 양면성에 대해 이야기 나눠 보면 어떨까요?

고전에서 배우는 문학

• 셰익스피어 4대 비극

❶햄릿 대표적인 4대 비극 중 가장 먼저 쓴 작품이다. 사랑했던 아버지를 위한 복수를 다짐하는 햄릿의 모습을 통해 사색과 행동, 진실과 허위, 양심과 결단, 신념과 회의 속에서 방황하는 한 인간의 모습을 보여 준다.

❷오셀로 부와 명예를 모두 가졌지만 흑인이라는 이유로 백인들 속에서 열등감을 느끼는 남자의 이야기다. 오셀로가 악인 이아고에게 속아 아내를 의심하고 질투하다 결국 살해하게 되는 비극적 내용을 담고 있다.

❸리어왕 늙은 왕의 세 딸에 대한 애정 실험이라는 설화를 모티프로 한 작품으로, 탐욕으로 몰락해 가는 한 가족의 비극적 이야기이다.

❹맥베스 권력의 야망에 이끌린 한 장군이 왕의 자리를 탐하면서 그것이 초래하는 비극적 결말을 그렸다. 주인공 맥베스는 악인이면서도 공감을 자아내는 인물이다.

• 셰익스피어 5대 희극

❶말괄량이 길들이기 사나운 성격의 카타리나와 그녀를 길들이는 페트루치오의 이야기를 통해 결혼과 성 역할에 대한 통념에 대한 의문을 제기하는 작품이다.

❷베니스의 상인 수전노(자린고비) 샤일록에게 빚을 지고 목숨을 빼앗기게 된 안토니오를 친구의 아내인 포샤가 판사로 남장해 명판결을 내려 목숨을 구해 준다는 이야기다.

❸십이야 쌍둥이 남매가 난파를 당하자 여동생이 오빠를 찾기 위해 남장을 하고 다니면서 벌어지는 우여곡절을 다뤘다.

❹한여름 밤의 꿈 삼각관계의 네 남녀가 부모의 강제 결혼 요구를 피해 요정들이 사는 숲속으로 도망치면서 벌어지는 하룻밤의 이야기다. 네 청춘의 사랑 이야기와 요정들의 장난이 얽혀 펼쳐지는 꿈과 현실의 경계를 허무는 작품이다. 사랑의 변덕스러움과 진실한 사랑의 가치를 보여 준다.

❺뜻대로 하세요 권력과 영토를 놓고 벌어지는 혈육 간의 분쟁을 다룬 작품이다. 궁정에 머무르던 사람들이 가족에 의해 숲으로 추방되지만, 숲에서 이들과 만나 화해하는 내용이다.

레 미제라블

> "삶의 고통에 울어 보지 않은 사람은
> 세상 사물을 제대로 볼 수 없다."

책 속으로

장발장은 굶주리는 조카들을 위해 빵 한 조각을 훔친 죄로 19년 동안 감옥 살이를 했다. 출소한 장발장은 추위와 배고픔에 떨다 성당을 찾는다. 그곳에서 만난 미리엘 주교는 그에게 편안한 잠자리와 따뜻한 음식을 제공한다. 하지만 장발장은 성당의 은그릇과 은수저를 훔쳐 달아난다. 다음 날 경찰이 그를 붙잡아 성당으로 데리고 왔는데, 미리엘 주교는 장발장을 자신의 손님이라 말하며 은촛대까지 선물한다. 이에 감동한 장발장은 열심히 일하여 부와 명성을 얻고 존경받는 시장이 된다.

하지만 형사 자베르는 장발장을 의심하며 끊임없이 그를 감시한다. 어느 날 장발장으로 오해받은 한 남자가 체포되는데 장발장은 양심의 가책으로 괴로워하다 재판장에서 자신이 장발장이라 밝히고는 붙잡혀 감옥에 간다. 우여곡절 끝에 감옥에서 탈출한 장발장은 불쌍한 여인 팡틴의 딸 코제트를 입양해 사랑으로 키운다. 아름답게 성장한 코제트는 마리우스와 사랑에 빠지는데 프랑스혁명에 가담한 마리우스는 위험에 처한다. 장발장은 마리우스와 자신을 괴롭힌 형사 자베르까지 구하고는 사라진다. 어느 수도원 병마와 싸우는 장발장에게 마리우스와 코제트가 찾아오고 장발장은 그들의 품에서 평화롭게 숨을 거둔다.

지은이 빅토르 위고(1802~1885). 19세기의 가장 위대한 시인이자 프랑스 국민 작가　창작 시기 1862년　특징 우리나라에서는 '장발장'이라는 제목으로 소개되었다.

시크릿한 책 속 이야기

'레 미제라블'은 '불쌍한 사람들'이라는 뜻이에요. 우리나라에서는 주인공 '장발장'의 이름으로 출간되었어요. 《레 미제라블》은 프랑스혁명 이전 서민들의 비참한 삶을 그리고 있지요. 배고픔에 훔친 빵 한 조각으로 19년을 감옥에서 지내야 했던 장발장과 쥐와 벌레가 득실거리는 빈민촌에 살고 있는 수많은 사람들의 모습은 왜 프랑스혁명이 일어날 수밖에 없었는지 충분한 서사를 보여 준답니다. 부조리한 세상을 바꾸기 위한 서민들의 외침도 보여 주지요. 힘겨운 삶 속에서도 인간의 의지와 노력이 세상을 바꿀 수 있다는 희망도 보여 주고 있어요. 또 인간에게 가장 숭고한 가치는 '사랑'이라는 것도 깨닫게 해 줘요. 미리엘 주교가 보여 준 사랑, 코제트를 입양해 키운 장발장의 사랑, 코제트를 끝까지 지켜 주고자 했던 어머니 팡틴의 사랑, 마리우스와 코제트의 사랑 등 《레 미제라블》 속에는 다양한 사랑의 모습이 등장한답니다.

아이들과 인간의 선함, 악함, 사랑, 양심 등의 가치에 대해 이야기 나눠 보면 어떨까요? 또, 프랑스혁명이 일어난 이유에 대해서도 생각해 보면 국어와 사회의 융합적 사고력도 쑥쑥 자라날 겁니다.

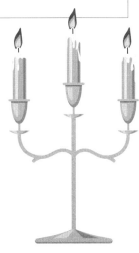

고전을 통해 키우는 문해력   생각 넓히기

- 성당에서 은그릇과 은수저를 훔친 장발장을 경찰이 잡아 왔어요. 미리엘 주교는 그것은 자신이 준 선물이라 말하며 은촛대까지 장발장에게 주었지요. 잘못을 저지른 장발장을 용서한 미리엘 주교의 행동은 옳은가요? 도둑질을 한 사람의 죄를 덮어 주고 경찰에게 거짓말을 한 미리엘 주교의 행동은 옳은가요? 자신의 생각을 말해 보세요.

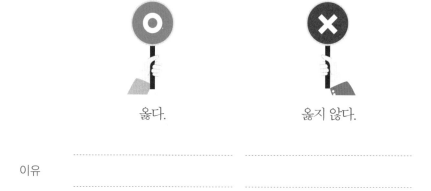

옳다.   옳지 않다.

이유

- 하인츠의 딜레마

  하인츠의 부인은 큰 병에 걸려 죽어 가고 있었어요. 의사는 부인을 살릴 수 있는 약은 동네에 사는 약사가 최근에 만든 새로운 약이라고 했지요. 하인츠가 약을 사려고 하자 약사는 엄청난 금액을 달라고 했어요. 가난한 하인츠는 외상으로 달라며 애원했지만 약사는 자신도 약을 발명할 때 힘들었고 큰돈을 벌고 싶다며 그의 제안을 거절했어요. 죽어 가는 부인을 보며 하인츠는 약국에 몰래 들어가 그 약을 훔쳤답니다.

  부인을 살리기 위한 하인츠의 행동은 옳은가요?

  옳다.   옳지 않다.

  이유

  훔친다. vs 훔치지 않는다. 이유

  나라면?

인형의 집

"아내는 남편의 인형이 아니다."

책 속으로

크리스마스이브, 노라의 남편 헬메르의 은행장 승진 파티가 한창이었다. 노라는 헬메르의 아내이자 세 아이의 어머니였지만 그녀에게는 남편에게 말할 수 없는 비밀이 있었다. 신혼 시절 그녀는 아픈 남편을 위해 아버지의 서명을 위조해 악덕 고리대금업자에게 돈을 빌렸다. 남편에게는 아버지가 요양비를 줬다고 거짓말을 했다. 남편이 은행장으로 부임할 은행에서 일하던 고리대금업자는, 해고 위기에 처하자 노라에게 도와 달라며 비밀을 말하겠다고 협박한다. 이 사정을 모르던 헬메르는 노라의 부탁을 거절하고 고리대금업자를 해고한다. 분노한 고리대금업자는 노라의 비밀을 폭로해 버리고 가정의 갈등이 시작된다.

사실 노라는 아픈 남편의 자존심을 지켜 주고자 이 사실을 비밀로 했던 것인데 헬메르는 노라의 마음은 전혀 생각하지 않고 자신의 명예가 실추되었다는 사실에 분노했다. 그런데 고리대금업자가 차용증을 대가 없이 돌려주고 일이 해결되자 남편은 노라에게 언제 화냈냐는 듯 다가온다. 노라는 이 사건으로 결혼 생활의 부질없음을 깨닫는다. 그리고 자신은 결혼 전엔 아버지의 인형이었고, 결혼 후엔 남편의 인형이었다며 한 인간으로서 당당히 살 것을 선언한다.

지은이 헨리크 입센(1828~1906). 노르웨이 극작가, 시인, 소설가. 현대 연극의 아버지 창작 시기 1879년 특징 노벨연구소 선정 역대 최고의 책 중 하나

시크릿한 책 속 이야기

《인형의 집》은 지금으로부터 약 140년 전에 창작된 희곡 작품이에요. 당시의 가부장적 사회에서 그동안 자신은 새장에 갇힌 새였으며, 생각도 의지도 없는 인형이었음을 깨닫는 내용의 작품이 나왔다는 건 가히 파격적이지요.

초등 저학년 아이들과 《인형의 집》을 읽기엔 좀 어려울 수 있으니 올바른 가정의 모습에 대해 고민하게 되는 책 《돼지책》과 올바른 여성성에 대해 이야기 하는 책 《종이봉지공주》를 추천해요.

이제는 여성과 남성의 역할에 한계가 많이 사라졌지만, 아직도 운동을 잘하는 여자에게는 "여자가 어떻게 저렇게 힘이 세지?"라고 말하고, 살림을 잘하는 남자에게는 "남자가 참 가정적이네."라는 말을 하기도 합니다. 미래를 살아갈 우리 아이들이 성 고정관념에서 벗어나 조금 더 넓은 세상으로 나아가길 바랍니다.

고전에서 배우는 상식

* 심리적 양성성

  심리학자 벰(Sandra Bem)이 밝혀 낸 이론이에요.

  남성성과 여성성은 서로 상반되거나 모순되는 것이 아니라 두 특성은 한 사람 안에서 공존하며, 균형의 정도는 성격이 다양한 것과 마찬가지로 다양한 형태로 이루어질 수 있다고 해요.

  양성적인 사람은 남성적 특성과 여성적 특성을 모두 소유하고 있는 사람이며 '심리적 양성성'을 보유한 사람들이 전통적으로 성 유형화된 사람들보다 더 유연하게 행동한다고 해요.

  성 유형화된 사람들은 "남자는 ○○해야 해, 여자는 ○○해."라고 규정하기 때문에 한정적인 행동과 일만 할 수 있지만 심리적 양성성을 가진 사람들은 유연한 사고로 다양한 곳에서 다양한 역할로 일을 할 수 있답니다.

고전에서 배우는 문학   희곡의 요소

- 희곡   무대 상연을 전제로 한 연극의 대본, 대화 형식으로 표현한 문학

- 희곡 내용의 3요소

인물	행동의 주체로 의지적, 전형적, 개성적 성격을 가진 인물
사건	하나의 주제를 향하여 갈등과 긴장이 있는 통일된 전개
배경	사건이 일어나는 때와 장소

- 희곡 형식의 3요소

해설	필요한 무대장치, 인물, 배경 등을 설명하는 글
지문	등장인물의 행동, 표정, 마음 상태, 무대 상태 등을 설명하는 글로 괄호 안에 쓰고 바탕글이라고도 함.
대사	등장인물이 하는 말로 대화(두 사람 이상의 대화), 독백(인물이 혼자 하는 말), 방백(관객에게는 들리나 상대 배우에게는 들리지 않는 것처럼 하는 말)이 있음.

사람은 무엇으로 사는가

"사람은 사랑으로 산다."

책 속으로

러시아 작은 마을의 구둣방 주인 세묜은 가난하지만 착실하게 살아가는 평범한 가장이다. 부부는 외출용 털외투를 맞추기 위해 돈을 마련하려 하지만 이웃과 손님들은 도와주지 않는다. 어느 날 세묜은 교회 옆에서 알몸으로 떨고 있는 미하일을 발견하고는 그를 집으로 데려와 구두 수선을 가르쳐 준다. 세묜 덕분에 미하일은 인간이 나누는 사랑을 알게 된다. 미하일은 놀랍게도 6년 전 여인의 영혼을 데려가다가 사고로 추락한 후 지상에서 살고 있던 천상의 대천사 미카엘이었다.

미하일은 구둣방에 신발을 맞추러 온 부자 남자가 자신이 곧 죽는다는 사실을 모르는 걸 보고 사람에겐 자신에게 무엇이 필요한가를 아는 힘이 주어지지 않았다는 걸 알게 된다. 미하일은 한 여인에게 신발을 만들어 달라는 부탁을 받는데, 이 과정에서 6년 전에 자신이 죽을 거라고 걱정했던 두 여자아이가 마음씨 좋은 마을 사람들과 양부모의 손에서 잘 자란 것을 보고 사람은 사랑으로 산다는 것을 깨닫게 된다.

이렇게 세 가지를 알게 된 미하일은 다시 하늘나라로 돌아갈 수 있게 되었다. 미하일은 "모든 사람은 자신에 대한 걱정이 아닌 사랑으로 살아간다."는 말을 남긴 채 하늘로 올라간다.

지은이 톨스토이(1828~1910). 러시아의 소설가, 개혁가, 사상가   창작 시기 1885년   특징 러시아의 단편소설, 기독교적 내용이 담겨 있다.

시크릿한 책 속 이야기

천사 미카엘은 세 가지 질문에 대한 답을 찾아 하늘로 올라갑니다.

첫째, 사람의 마음속에는 무엇이 있는가?

둘째, 사람에게 주어지지 않는 것은 무엇인가?

셋째, 사람은 무엇으로 사는가?

아이들이 대답하기에는 다소 어려운 질문이지요.

오늘 이 질문을 가족이 함께 고민해 보면서 '사람은 무엇으로 사는가?'에 대한 답을 찾아봤으면 좋겠습니다.

진정 우리 가족이 원하는 인생의 가치는 무엇인지, 우리 인생을 지탱해 주는 힘은 무엇인지 이야기해 보면 가족의 사랑을 더 단단히 느낄 수 있을 거예요.

인생 전체를 단단하게 지탱해 주는 부모님의 사랑, 내면을 채워 주는 우정, 도움이 필요한 이들을 향한 연민 모두가 사랑이지요.

그렇다면 우리는 어떻게 사랑을 지키고 실천하고 있을까요?

진정으로 사랑하는 방법은 자연스럽게 획득하는 게 아니라 배우면서 익히는 덕목이라 생각해요. 부모님을 공경하고, 친구를 배려하고 존중하면서 '사랑'을 실천하고 배워 보도록 해요.

고전을 통해 키우는 문해력 생각 넓히기

- 사람은 무엇으로 사는 걸까요?
  사는 데 필요한 것은 무엇일까요? 생각나는 대로 적어 보세요.

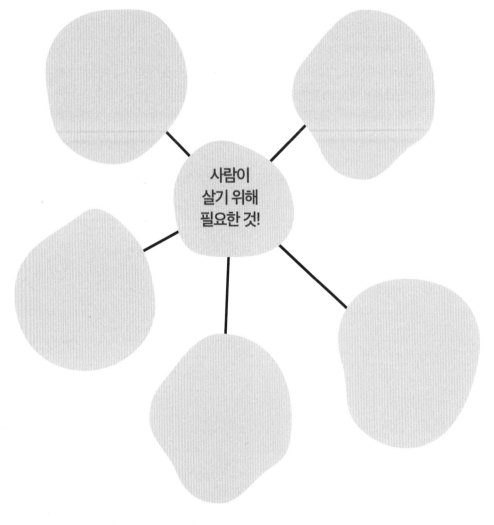

• 여러분이 삶을 사는 이유와 목표는 무엇인가요?

• 바른 삶을 살기 위한 나의 다짐

서약서

나의 삶의 이유는 _____ 입니다.

나는 나의 삶의 목표인
_____ 을(를) 이루기 위해 열심히 살겠습니다.
나의 의지를 가족과 친구와 선생님들 앞에서 약속합니다.

_____ 년 _____ 월 _____ 일
(   )학년 (   )반 이름 (   )

파랑새

"행복은 우리 가까이에 있어요."

책 속으로

    크리스마스이브, 초라한 오두막집에 사는 치르치르와 미치르 남매는 부잣집에서 새어 나오는 불빛과 흥겨운 음악 소리를 들으며 쉽게 잠을 이루지 못한다. 이때 한 할머니가 나타나 자신의 아픈 딸을 위해 파랑새를 찾아 달라는 부탁을 한다. 할머니는 빛의 요정이 그들을 안내할 거라며 파랑새를 찾는 여행의 문을 열고 그들은 제일 먼저 '추억의 나라'에 도착한다. 그곳에서 돌아가신 할아버지와 할머니를 만나 즐거운 시간을 보내며 파란 티티새를 찾지만 곧 파랑새는 검게 변한다. 두 번째 도착한 곳은 '밤의 궁전'이었다. 치르치르가 여왕이 준 열쇠로 첫 번째 문을 열자 유령이, 두 번째 문에서는 질병이, 세 번째 문에서는 전쟁이 나왔다. 가장 안쪽 문을 열자 아름다운 꽃밭에 파랑새가 가득했지만 빛을 본 새들은 죽고 말았다. 이윽고 아이들은 파랑새를 찾으러 숲속으로 들어가지만 인간에 대한 원망을 품은 나무만 만나고 파랑새를 찾을 수는 없었다.

    남매는 여러 우여곡절을 겪지만 결국 파랑새를 찾지 못하고 집으로 돌아온다. 그런데 이게 웬일인가? 그들이 그토록 찾던 파랑새는 남매의 집 새장에 들어 있었다.

지은이 모리스 마테를링크(1862~1949). 벨기에의 시인, 극작가, 수필가, 소설가. 노벨 문학상 수상자. 창작 시기 1909년 특징 이 작품은 원래 희곡이었다. 국내 출간된 작품 대부분은 원작을 짧게 요약하거나 동화로 고쳐 쓴 각색본이다.

시크릿한 책 속 이야기

《파랑새》는 '행복'의 다른 말이에요. 우리는 늘 먼 곳에서 행복을 찾지만 사실 행복은 '가족과 먹는 저녁 식사', '친구와 나누는 미소', '더운 여름의 소나기'처럼 늘 소소하게 가까이 있지요.

고전《파랑새》는 우리가 찾는 그 행복이 어디에 있는지 아이들의 모험을 통해 보여줍니다.

우리는 다른 사람과 비교하며 상대적 박탈감을 느끼곤 해요. 신체, 외모, 성적, 경제 수준 같은 걸로 말이죠. 몇 해 전 부모님의 등골을 휘게 만드는 비싼 브랜드 옷을 지칭하는 '등골 브레이커'라는 말이 유행을 했지요. 유행이 지나면 7만인 옷이었지만 그 옷을 입지 않으면 친구들이 자신을 무시한다는 생각에 부모님을 힘들게 하는 아이들도 많았어요. 겉모습을 화려하게 꾸며 남들보다 우위에 서고 싶은 마음 때문이었죠. 자신의 마음속에서 행복을 찾지 못하고 외부 환경에서 행복을 찾으려는 심리 때문이었어요.

아이들 마음속 '파랑새'를 찾도록 이끌어 주세요.

비싼 보석을 사주기보다 자신만의 빛나는 보석을 찾을 수 있게 도와주세요. 이 책을 읽고 행복을 느끼는 순간이 언제인지 이야기 나눠 보며 아이들의 마음을 들여다보는 시간을 가져 보면 어떨까요?

고전에서 배우는 상식

• 파랑새 증후군

자신의 삶에 만족하지 못하고 끊임없이 더 나은 조건과 더 나은 삶을 쫓으며 불행하다고 느끼는 심리 상태를 말해요. 충분히 행복하게 잘 살고 있으면서도 자신은 불행하며 행복을 찾아야 한다고 생각하는 것이죠. 예를 들면, 현실에 만족하지 못하고 대안 없이 직장을 그만두는 경우나 자신이 가진 것보다 다른 사람이 가진 것이 크다고 생각하는 심리가 해당돼요.

• 동화에서 기원한 증후군(신드롬)을 더 알아볼까요?

❶ 라푼젤 증후군 라푼젤은 성 안에 갇혀 살고 있는 긴 머리카락을 가진 공주님이에요. 라푼젤 증후군은 머리카락 등 특정 스타일의 외모에 집착하는 경우를 말해요.

❷ 신데렐라 증후군 신데렐라는 '재투성이'라는 뜻이에요. 가난하고 힘든 환경에서 사는 사람을 말하지요. 가난한 신데렐라가 왕자님을 만나 신분이 상승했듯 어디선가 왕자님이 나타나 자신의 인생을 바꿔 줄 거라고 믿는 심리를 말해요.

❸ 램프 증후군 《아라비안 나이트》에서 주인공이 요술 램프를 가지고 다니는 것처럼 쓸데없는 걱정과 근심을 만들어서 하는 것을 말해요.

❹ 팅커벨 증후군 피터 팬의 친구 팅커벨은 피터 팬이 웬디와 친해지자 둘 사이를 훼방 놓기 시작해요. 누군가에게 사랑받기 위해 좋지 않은 행동을 해서 관심을 받으려는 심리 상태를 말해요.

동물농장

> "모든 동물은 평등하다. 하지만 어떤 동물들은
> 다른 동물보다 더욱 평등하다."

책 속으로

메이너 농장의 동물들은 인간을 위해 죽도록 일하며 희망 없는 삶을 살아가고 있었다. 어느 날 수퇘지 메이저는 인간으로부터 자유를 되찾는 꿈을 꾼다. 그의 말을 들은 젊은 동물들은 똑똑한 돼지들의 지휘에 따라 혁명을 일으켜 농장 주인 존스를 쫓아내고 동물이 주인이 된 '동물농장'을 만든다.

처음엔 농장에 평화가 찾아왔고 모든 것은 순리대로 흘러갔다. 모든 동물들은 열심히 일했고 덕분에 먹이는 풍부해졌다. 동물들은 더 이상 먹이 때문에 다투지 않았고 평등하게 나눠 먹는 생활에 익숙해졌다. 동물농장은 그들이 꿈꾸던 낙원이 되어 가고 있었다.

그런데 시간이 지날수록 혁명을 주도했던 돼지들의 욕심이 커졌다. 혁명을 성공으로 이끌었던 자신들이 다른 동물보다 더 많은 걸 가져야 한다고 주장하기 시작했던 것이다. 혁명을 주도했던 돼지들 간에도 세력 싸움이 벌어졌는데 스노볼과 나폴레옹이 싸우기 시작했고, 나폴레옹이 승리하자 스노볼을 내쫓기까지 했다. 평화롭던 동물농장은 이제 인간의 지배가 아닌 평등하다고 생각했던 다른 동물의 지배를 받아야 했고 고통스러운 과거로 돌아갔다.

지은이 조지 오웰(1903~1950). 영국의 작가이자 언론인. BBC와《타임》지가 선정한 위대한 작가   창작 시기 1945년   특징 20세기 최고의 풍자 우화

시크릿한 책 속 이야기

《동물농장》은 사람을 동물에 빗대어 러시아의 '전체주의'를 비판하고 있어요. 전체주의는 개인의 자유보다는 국가나 집단의 중요성을 강조하는 이념이에요. 러시아의 스탈린은 처음엔 러시아혁명에 큰 기여를 했지만 권력을 잡자 독재자로 변신해 러시아 국민을 탄압하지요.

이야기에 등장하는 '어떤 동물들은 다른 동물보다 평등하다.'라는 말은 스탈린과 그를 돕는 사람들의 이중성을 비판해요. 처음 동물들이 혁명을 일으켰을 때는 '모든 동물이 평등하다.'를 약속했지만 권력을 잡은 스탈린은 자신들은 어떤 동물보다 더 우위에 있음을 강조하죠.

아이들과 진정한 '평등'이 무엇인지, 왜 동물들이 변하게 되었는지 이야기를 나누면서 제2차 세계대전과 전체주의, 러시아혁명에 대해 더 조사해 보면 어떨까요?

고전에서 배우는 문학   비유적 표현

- 비유적 표현은 어떤 현상이나 사물을 비슷한 현상이나 사물에 빗대어 표현한 것이에요. 비유적 표현에 등장하는 두 대상 사이에는 공통점이 있지요.
  비유적 표현을 사용하면 생생한 느낌이 들고 장면이 쉽게 떠오릅니다. 또 내용을 이해하기 쉽지요.

- 의인법   사람이 아닌 것을 사람에 빗대어(인격을 불어넣어) 사람이 행동하는 것처럼 표현함.
    - 예) 꽃이 속삭인다. → 꽃은 사람처럼 표현했어요.
      장미는 가시를 사랑한다.
      → 장미를 사람처럼 감정이 있는 것으로 표현했어요.

- 활유법   무생물을 생물인 것처럼, 감정이 없는 것을 감정이 있는 것처럼 표현함.
    - 예) 저녁노을을 집어삼킨 바다
      → 삼키는 행동을 할 수 없는 바다를 생명이 있는 것으로 표현했어요.
      산이 바다로 달려간다.
      → 산은 달릴 수 없는데 생명이 있는 것으로 표현했어요.
      달님은 낮잠을 잔다.
      → 무생물인 달이 잠을 잔다는 것으로 표현해 생명을 불어넣었어요.

- 직유법　원관념과 보조관념을 '듯이', '처럼', '같이', '마치', '듯', '흡사' 등과 같은 표현을 넣어 나타내는 것.

    예) 그믐에 달 가듯이 가는 나그네

- 은유법　원관념과 보조관념을 간접적으로 연결하여 표현하는 것으로 A=B와 같이 나타냄.

    예) 내 마음은 호수요.

    → 내 마음이 호수처럼 넓고 잔잔함을 말하고 있어요.

- 대유법　사물의 명칭을 직접 쓰지 않고 사물의 일부나 특징을 들어서 자체나 전체를 나타내는 비유법.

    예) 우리에게 빵을 달라!

    (실제 프랑스혁명 당시 굶주리던 백성들이 소리쳤던 구호인데 여기의 '빵'은 실제 빵이 아니라 '먹을 것', '굶주림으로부터의 해방' 등을 나타내는 말이에요.)

노인과 바다

> "인간은 패배하도록 만들어지지 않았다.
> 인간은 패배하지 않는다."

책 속으로

쿠바의 어느 마을에 평생 바다낚시로 생활하는 노인 산티아고가 살고 있었다. 그런데 노인은 84일째 고기를 한 마리도 낚지 못하고 있다. 그와 함께 일하던 소년 마놀린은 노인을 존경하고 따랐지만 그의 부모가 더 이상 노인의 배를 타지 못하게 하는 바람에 노인은 혼자 출항하게 된다. 낚싯대를 드리운 노인은 긴 기다림의 시간을 참고 견딘다. 그런데 갑자기 깊게 드리운 낚싯대를 강하게 무는 물고기를 만나게 되고 월척임을 직감한다. 노인 혼자 큰 물고기를 감당하는 건 쉬운 일이 아니었기에 노인은 물고기가 힘이 빠질 때까지 기다리기로 한다. 해가 지고 날씨가 쌀쌀해지자 노인은 낚싯줄을 계속 붙잡고 있는 것조차 힘겨워한다. 추위와 배고픔, 고통 속에서 노인은 첫날밤을 꼬박 새우며 사투를 벌인다.

다음날 몸을 드러낸 물고기는 노인의 배보다 훨씬 컸다. 노인은 지쳤고 물고기에게 형제애마저 느끼지만 결국은 물고기를 잡아야겠다는 의지를 다진다. 살고자 버둥거리는 물고기와 잡고자 힘을 쓰는 노인은 힘겨루기를 계속한다. 셋째 날이 되어서야 노인은 작살로 물고기를 잡는 데 성공한다. 그러나 물고기의 피 냄새를 맡고 상어가 꼬이더니 날이 저물고 항구에 도착했을 때는 물고기의 살이 상당히 뜯겨 있었다. 사람들은 거대한 물고기 뼈를 보고 놀라고 마놀린은 노인에게 존경심을 표한다.

지은이 어니스트 헤밍웨이(1899~1961). 미국의 소설가, 언론인 창작 시기 1952년 특징 1953년 퓰리처상 수상, 1954년 노벨문학상 수상

시크릿한 책 속 이야기

《노인과 바다》는 인간의 한계 없는 도전과 끈기, 노력에 대한 이야기를 담고 있어요. 포기하지 않는 인간의 투지를 강력한 서사로 보여 주는 작품이라고 할 수 있지요. 인간과 청새치의 대결 모습은 인간이 품는 인생의 가치와 목표를 상징한다고 볼 수 있어요. 어렵게 잡은 청새치를 뜯어 먹는 상어의 모습은 인간을 공격하고 파괴하려는 적대자나 삶의 위험 요소라고 할 수 있지요.

인간이 자신의 목표인 청새치를 잡았지만 상어라는 위협은 끊임없이 도사리고 있었어요. 우리의 삶과 비슷하지요. 하지만 목표를 향해 끊임없이 노력하고 힘을 쏟는 모습, 위협에 굴하지 않는 용기는 우리 가슴에 큰 울림을 줍니다.

이 소설을 읽고 아이들과 삶의 목표에 대해 이야기 나누어 보면 어떨까요? 목표를 이루기 위해 어떤 장애물이 있을지, 그 장애물을 어떻게 극복하고 삶의 목표를 이룰 수 있을지를 말이죠.

고전을 통해 키우는 문해력 상징과 의미

- 《노인과 바다》에는 많은 상징물이 등장합니다.
  각각 무엇을 상징하는지 생각해 볼까요?

	상징과 의미
바다	인생: 어떤 일이 벌어질지 모르며 잔잔했다 파도가 치기도 하는 우리의 인생을 의미하는 것 같다.
노인	
청새치	
상어	

- 왜 주인공을 노인으로 했을까요?
  주인공이 소년이었다면 내용이 어떻게 바뀌었을까요?

- 내가 노인이었다면 어떻게 했을까요?
  ❶ 청새치를 만났을 때

  ❷ 청새치와 힘겨루기를 할 때

  ❸ 상어가 청새치를 공격했을 때

- 노인의 인생에서 본받고 싶은 부분이 있다면 무엇일까요?
  왜 그렇게 생각하나요?

샬롯의 거미줄

빛나는 한 문장

"너는 내 친구잖아. 그것 자체로 엄청난 일이야."

책 속으로

애러블 농장의 돼지 무리 중에서 가장 약한 아기돼지 윌버는 농장 주인의 딸인 펀의 사랑을 받으며 자란다. 그러나 윌버의 몸집이 커지자 농장 주인은 주커만 아저씨의 농장에 윌버를 팔아 버린다. 윌버는 그곳에서 거미 샬롯을 만나 친해진다. 샬롯은 글을 읽고 쓸 줄 아는 천재 거미였고 거미줄 짜기 실력도 최고였다. 윌버가 햄과 훈제 베이컨이 될 위기에 처하자 샬롯은 밤새 거미줄에 '대단한 돼지'라는 글자를 썼고 사람들은 깜짝 놀라며 윌버를 특별한 돼지로 보기 시작한다. 유명세를 타게 된 윌버는 품평회에 나가 특별상까지 수상한다. 품평회가 끝난 날 밤 제대로 먹지 못하고 힘을 다 써 버린 거미 샬롯은 죽고 만다. 윌버는 주커만 농장의 자랑거리가 되고 샬롯이 남긴 '필생의 역작'인 후손들과 행복하게 살아간다. 하지만 윌버는 결코 샬롯을 잊지 못했다. 윌버는 샬롯의 새끼들과 손자들을 깊이 사랑했지만, 어떤 거미도 윌버의 마음속에서 샬롯의 자리를 대신하지는 못했기 때문이다.

지은이 엘윈 브룩스 화이트(1899~1985). 미국의 수필가, 아동문학가. 미국의 수필가 중 가장 영향력이 있는 한 사람   창작 시기 1952년   특징 뉴베리 아너 상 수상작

시크릿한 책 속 이야기

《샬롯의 거미줄》은 국어 '읽기' 교과서 수록 도서였어요. 꼬마 돼지 윌버와 샬롯의 우정이 친구들의 그것과 닮았기 때문이지요. 아이들은 자신의 이익은 생각하지 않고 오로지 상대를 생각하는 순수한 모습일 때가 많아요. 윌버를 키운 편, 외로운 윌버에게 찾아온 샬롯, 의식 잃은 윌버를 깨운 템플턴의 우정은 순수한 어린아이이기에 가능한 우정이지요. 샬롯은 있는 힘을 다해 윌버의 성장을 도와요. 위대하고 멋진 자신의 모습을 깨닫지 못한 윌버에게 자신감을 주고, 멋진 윌버가 겸허히 자신을 받아들일 수 있는 겸손의 미덕도 깨닫게 해 주지요.

교실 속의 아이들 역시 이렇게 서로가 서로의 귀감이 되기도 한답니다. 겉으로는 싸우고 삐치고 장난치는 것처럼 보이지만 그 속에서도 자신들만의 규칙을 만들고 질서를 지키며 성장하고 있어요. 샬롯과 윌버, 템플턴처럼 말이지요.

고전을 통해 키우는 문해력 생각 넓히기

• 편을 떠나 낯선 곳으로 오게 된 윌버는 외로움을 느껴요. 그때 "네 친구가
되어 줄게."라는 따뜻한 목소리를 듣게 됩니다. 바로 거미 샬롯이었지요.
여러분은 누군가에게 이토록 다정하게 말해 본 적이 있나요? 친구는 무엇
이며, 어떤 사람과 친해지고 싶나요? 또, 친구가 외로울 때 나는 어떤 말로
친구를 위로해 주면 좋을까요?

친구란 무엇일까요?	
친해지고 싶은 친구	
위로의 말	

• 여기 샬롯의 거미줄이 있습니다.
  아래 매달려 있는 '샬롯'을 '나'라고 생각하고 나와 마음의 거리가 가까운
  사람을 '나' 주변에 써 보세요.

예) 내 친구 지선

나무를 심은 사람

> "나는 인간이 파괴가 아닌
> 하느님처럼 유능할 수 있다는 것을
> 깨닫고는 한다."

책 속으로

1910년, 나는 프랑스의 산악지대를 여행하다가 한 노인을 만난다. 그의 이름은 '엘제아르 부피에'였다. 노인은 메마른 황무지에서 30마리의 양을 키우며 외롭게 살고 있었다. 내가 그 집에 며칠 머무르는 동안 그는 도토리 자루에서 가장 굵고 알이 좋은 것 100개를 골라낸 후 황무지에 정성스레 심었다. 그는 3년 전부터 10만 개의 도토리를 심었으나 그중 싹이 나온 건 2만 그루라고 말했다. 노인은 살아 있는 한 아주 많은 나무를 심겠다고 말했다.

몇 년 후 1914년, 제1차 세계대전이 일어나고 나는 5년 동안 군에서 복무했다. 나는 지쳤고 위로가 필요했다. 그래서 노인의 황무지를 찾게 되었다. 나는 그곳에서 믿을 수 없는 광경을 목격했다. 황무지가 푸른 숲이 되어 있었던 것이다. 산림 감시원들은 숲이 저절로 자랐다고 생각하며 노인에게 산불이 나지 않도록 당부의 말을 하고 떠났지만 나는 알았다. 인간의 노력이 어떻게 세상을 바꿀 수 있는지 말이다. 1939년, 제2차 세계대전에 필요한 연료 공급을 위해 숲이 파괴될 뻔 했지만 무사히 위기를 넘겼고 노인은 묵묵히 나무를 심었다.

1945년, 나는 노인의 황무지에 물이 흐르고 사람들이 모여 사는 것을 보게 되었다.

지은이 장 지오노(1895~1970). 시나리오 작가이자 소설가 창작 시기 1953년 특징 교과서 수록 도서

시크릿한 책 속 이야기

'내일 지구가 멸망하더라도 나는 오늘 한 그루의 사과나무를 심겠다.'

스피노자가 했다고 알려진 이 말은 '내일 우리 삶에 어떤 일이 닥치든 오늘을 충실히 살아가겠다. 혹은 담담히 자신의 인생을 받아들이겠다.' 정도로 해석될 수 있어요. 작은 일에 일희일비하지 않고 자신이 할 수 있는 최선을 다하는 삶은 타인의 삶까지도 풍요롭게 하지요.

교실에서 1인 1역할 활동을 대충대충 하고 집에 가는 아이, 역할 자체를 잊고 가 버리는 아이, 자신이 해야 하는 건 알지만 귀찮아서 도망가는 아이, 묵묵히 자신이 맡은 역할을 해내는 아이가 있어요. 반 친구들을 위해 자신의 시간을 기꺼이 쓰는 아이들을 볼 때면 교사로서도 흐뭇하고 반 친구들도 행복해집니다.

〈나무를 심은 사람〉은 아이들에게 선한 행동이 주는 변화를 눈으로 보여 주는 명작이에요. 하나하나의 점과 같은 작은 일들이 모여서 선이 되고 결국 우리 모두를 행복하게 하는 위대한 일이 될 수 있다는 걸 깨닫게 할 거예요.

磨 斧 作 針

갈 **마**　　　도끼 **부**　　　지을 **작**　　　바늘 **침**

도끼를 갈아서 바늘을 만든다는 뜻으로 아무리 어려운 일이라도 참고 계속하면 언젠가는 반드시 성공함을 이르는 말이다
예) 노인은 마부작침의 마음으로 열심히 나무를 심었다

苦 盡 甘 來

쓸 **고**　　　다할 **진**　　　달 **감**　　　올 **래**

쓴 것이 다하면 단 것이 온다는 뜻으로 고생 끝에 낙이 온다는 말이다.
예) 노인이 만든 숲은 고진감래의 결과이다.

• KWL 차트는 독서를 통해 사람들을 안내하는 학습 도구예요. 1986년 도나 오글(Donna Ogle)이 학생들의 학습 진도를 향상시키기 위한 차트로 만들었어요.

> ❶K(Know) 책을 읽기 전부터 알고 있는 것
> ❷W(Want) 책을 읽으며 알고 싶은 것
> ❸L(Learn) 이 책을 읽고 알게 된 것

• 〈나무를 심은 사람〉을 읽고 정리해 볼까요?

K-W-L Chart

알고 있는 것

K

알고 싶은 것

W

알게 된 것

L

갈매기의 꿈

빛나는 한 문장

"가장 높이 나는 갈매기가 가장 멀리 본다."

책 속으로

　　조나단 리빙스턴은 먹기 위해 사는 다른 갈매기와 달리 꿈을 쫓아 하늘을 나는 갈매기다. 하늘은 조나단에게 동경과 도전의 대상이었다. 끊임없는 연습 끝에 조나단은 세상 제일 높은 곳을 빠르게 날 수 있는 갈매기가 되었지만 우두머리는 조나단을 추방했다. 조나단은 포기하지 않고 홀로 비행 연습을 했고 그때 두 마리의 갈매기를 만나 천국으로 갔다. 그곳에서 조나단은 늙은 갈매기 챙을 스승으로 삼아 고급 비행 기술을 익힌다. 조나단은 드디어 무한한 자유를 느낄 수 있는 초현실적인 공간으로까지 날아오르며 꿈을 실현하게 되었다.

　　그러나 조나단은 자신을 내쳤던 갈매기 무리를 그리워하며 모두의 만류에도 불구하고 지상으로 내려온다. 조나단은 자신과 비슷한 생각을 가진 플레처 린드를 만나 그를 제자로 삼고 또 다른 갈매기들을 가르친다. 멋지게 비행하는 조나단의 무리를 본 다른 무리는 그들의 비행 기술에 관심을 갖게 된다. 어느 날 플레처가 고속 비행을 시범 보이다 절벽에 부딪혀 부상을 입는데 조나단은 플레처에게 "육체란 우리가 생각하는 그 자체 외에는 아무것도 아닌 것을 기억하라."고 말한다. 이때 죽은 줄만 알았던 플레처가 살아나고 이를 본 갈매기들은 조나단을 신격화하고 플레처를 적대시한다. 이에 조나단은 플레처를 데리고 높은 세계로 날아가 버린다. 그러고는 플레처에게 스스로 성장하라며 조언하고 빛과 함께 사라진다.

지은이 리처드 바크(1936년~). 미국의 소설가   창작 시기 1970년   특징 전 세계에 6천만 부 이상 팔린 베스트 셀러

시크릿한 책 속 이야기

조나단의 부모님은 조나단에게 너무 튀지 말고 다른 갈매기처럼 살라고 타이릅니다. 평범하게 살라는 말이지요. 마치 '모난 돌이 정 맞는다.'는 속담처럼 무리 속에서 튀지 말고 조용히 살라는 의미였겠지요. 하지만 갈매기가 살아가는 이유는 무엇일까요? 무리를 지어 다니며 먹이를 쫓는 일일까요? 더 높이, 더 멀리 날아 보는 일일까요? 정답은 없겠지요. 평범하게 사는 삶에도 분명 행복이 있을 테니까요. 하지만 조나단은 특별한 꿈을 가진 갈매기였답니다.

우리 아이들의 모습도 다 같지는 않아요. 더 멀리 날고 싶어 하는 아이, 더 높이 날고 싶어 하는 아이, 다른 갈매기를 가르치고 싶어 하는 아이, 갈매기의 삶보다 육지에 둥지를 틀고 사는 다른 새의 삶을 동경하는 아이….

부모로서 우리는 아이의 인생에 어떤 조언을 해 주면 좋을까요? 누구에게나 한 번인 인생에서 다른 사람과 똑같이 사는 것보다는 각자의 개성대로 꿈을 향해 신나게 노력해 보는 인생은 어떨지 조언해 보면 어떨까요?

고전을 통해 키우는 문해력 생각 넓히기

1. 갈매기 조나단의 꿈은 무엇인가요?

2. 다른 갈매기들은 왜 조나단을 따돌렸나요?

3. 조나단과 다른 갈매기는 어떻게 달랐나요?

4. 천국으로 간 조나단은 왜 지상으로 내려왔나요?

5. 갈매기는 어떤 꿈을 꾸어야 한다고 생각하나요?

6. 여러분의 꿈은 무엇인가요?

7. 꿈을 이루기 위해 여러분은 어떤 일을 하고 있나요?

8. 꿈을 이룬다는 것은 무엇을 의미하나요?

• 나는 어떤 사람인가요?

나의 꿈은?

내가 잘하는 것은?

나는

인생을 살고 싶다.

초등학교 국어 교과서
수록 도서 목록

　부록은 초등학교 국어 교과서에 나오는 제재의 작품 이름을 썼어요. 국어 교과서에는 국어 작품 전체를 실을 수 없으니 제재로 일부분만 다루고 있거든요. 새학기가 시작될 때 부모님이 교과 수록 도서를 찾아 아이들에게 읽혀 보세요. 아이가 자신감 있는 학교생활을 하게 될 거예요. 또한 '나'뿐 아닌 '사회'를 보는 눈이 성장하고 세상을 보는 시각이 점차 확장되는 것을 느낄 수 있을 거예요.

초등 저학년(1~2학년) 국어 교과서 수록 도서

수록 학년과 교과서	책 제목 (출판사)	지은이	확인
1학년 1학기 국어 (가)	라면 맛있게 먹는 법 문학동네	권오삼	◯
	숨바꼭질 ㄱㄴㄷ 현북스	김재영	◯
	표정으로 배우는 ㄱㄴㄷ 애플비	솔트앤페퍼커뮤니케이션	◯
	소리치자 가나다 비룡소	박정선	◯
	동물 친구 ㄱㄴㄷ 웅진주니어	김경미	◯
	한글의 꿈 포스터 리틀애나	성유진	◯
	생각하는 ㄱㄴㄷ 논장	이보나 흐미엘레프스카	◯
	손으로 몸으로 ㄱㄴㄷ 문학동네	전금하	◯
	말놀이 동요집 1 비룡소	최승호 작사, 방시혁 작곡	◯
	우리 동요 — 랄랄라 신나는 인기 동요 60곡 애플비북스	작자 미상	◯
	깊은 산속 옹달샘 누가 와서 먹나요 예림당	윤석중	◯
	어머니 무명 치마 창작과비평	김종상	◯
	이가 아파서 치과에 가요 받침없는동화	한규호	◯
	어린이 명품 동요 100곡 1 태광음반	박화목 작사, 외국 곡	◯
	인사할까, 말까? 웅진다책	허은미	◯
	1학년 즐거운 생활 올에이미디어	정세문 작사, 신동일 작곡	◯

1학년 1학기 국어 (가)	숨바꼭질 ㅑ ㅕ ㅓ ㅕ 현북스	김재영	○
	노란 우산 보림	류재수	○
	감자꽃 보물창고	권태응	○
1학년 1학기 국어 (나)	구름 놀이 아이세움	한태희	○
	동동 아기 오리 다섯수레	권태응	○
	글자동물원 문학동네	이안	○
	아가 입은 앵두 보물창고	서정숙	○
	강아지 복실이 국민서관	한미호	○
	말놀이 동시집 1 비룡소	최승호	○
	맛있는 건 맛있어 시공주니어	김양미	○
	학교 가는 길 논장	이보나 흐미엘레프스카	○
	모두 모두 안녕! 웅진주니어	윤여림	○
	우리는 분명 연결된 거다 창비	최명란	○
	꽃에서 나온 코끼리 책읽는곰	황K	○
	도서관 고양이 한울림어린이	최지혜	○
	모두모두 한집에 살아요 고래뱃속	마리안느 뒤비크	○
1학년 1학기 국어활동	꼭 잡아! 여우고개	이혜경	○
	코끼리가 꼈어요 책고래	박준희	○

1학년 2학기 국어 (가)	꿀 독에 빠진 여우 학원출판공사	안선모	◯
	까르르 깔깔 미세기	이상교	◯
	나는 책이 좋아요 책그릇	앤서니 브라운	◯
	콩 한 알과 송아지 애플트리태일즈	한해숙	◯
	1학년 동시 교실 주니어김영사	김종삼 외	◯
	몰라쟁이 엄마 우리교육	이태준	◯
1학년 2학기 국어 (나)	몽몽 숲이 바쥐 두 마리 한국차일드아카데미	이혜옥	◯
	도토리 삼 형제의 안녕하세요 길벗어린이	이현주	◯
	소금을 만드는 맷돌 예림아이	홍윤희	◯
	나는 자라요 창비	김희경	◯
	숲속 재봉사 창비	최향랑	◯
	엄마 내가 할래요! 장영	장선희	◯
1학년 2학기 국어활동	지구시간 동아일보	황중환	◯
	내 마음의 동시 1학년 계림북스	김상련	◯
2학년 1학기 국어 (가)	윤동주 시집 범우사	윤동주	◯
	우산 쓴 지렁이 현암사	오은영	◯
	내 별 잘 있나요 상상의 힘	이화주	◯
	아니, 방귀 뽕나무 사계절	김은영	◯

	아빠 얼굴이 더 빨갛다 리젬	김시민	○
	딱지 따먹기 보리	백창우	○
	아주 무서운 날 찰리북	탕무니우	○
	으악, 도깨비다! 느림보	손정원	○
	기분을 말해 봐요 다림	디디에 레비	○
	오늘 내 기분은…… 키즈엠	메리앤 코카-레플러	○
	내 꿈은 방울토마토 엄마 키위북스	허윤	○
	우당탕탕 아이쿠 한국교육방송공사	(주)마로 스튜디오	○
	께롱께롱 놀이 노래 보리	편해문 엮음	○
2학년 1학기 국어 (가)	어린이가 정말 알아야 할 우리 전래 동요 현암사	신현득 엮음	○
	작은 집 이야기 시공주니어	버지니아 리버튼	○
	까만 아기 양 푸른나무출판	엘리자베스 쇼	○
	세상에 둘도 없는 반짝이 신발 모래알(키다리)	제인 고드윈	○
	뜨고 지고! 길벗어린이	박남일	○
	시원한 책 발견(키즈엠)	이수연	○
	누가 누가 잠자나 문학동네	목일신	○
	잘 커다오, 꽝꽝나무야 문학동네	권영상	○
	내가 채송화처럼 조그마했을 때 푸른책들	이준관	○
	아빠를 구하라! 미래엔아이세움	송정양	○

	큰 턱 사슴벌레 VS 큰 뿔 장수풍뎅이 스콜라	장영철	○
	선생님, 바보 의사 선생님 웅진주니어	이상희	○
	명품 유아 동요 영어 동요 150 G.M뮤직	곽진영 작사, 강수현 작곡	○
	신기한 독 보리	홍영우	○
	욕심쟁이 딸기 아저씨 노란돼지	김유경	○
	치과 의사 드소토 선생님 비룡소	윌리엄 스타이그	○
2학년 1학기 국어 (나)	아홉 살 마음 사전 창비	박성우	○
	두근두근 이 마음은 뭘까? 한빛에듀	김세실	○
	아기 토끼와 채송화꽃 창비	권정생	○
	누구를 보낼까요 국수	이형래	○
	알아서 해가 떴습니다 사계절	정연철	○
	튀고 싶은 날 열린어린이	장세정	○
	개구리와 두꺼비는 친구 비룡소	아놀드 로벨	○

	짝 바꾸는 날 도토리숲	이일숙	◯
	동무 동무 씨동무 창비	편해문 엮음	◯
	우리 동네 이야기 푸른책들	정두리	◯
	42가지 마음의 색깔 레드스톤	크리스티나 누녜스 페레이 라·라파엘 R. 발카르셀	◯
	머리가 좋아지는 그림책 — 창의력편 길벗스쿨	우리누리	◯
	내가 조금 불편하면 세상은 초록이 돼요 토토북	김소희	◯
	내가 도와줄게 비룡소	테드 오닐·제니 오닐	◯
2학년 1학기 국어활동	7년 동안의 잠 작가정신	박완서	◯
	용기를 내, 비닐장갑! 책읽는곰	유설화	◯
	내 마음 ㅅㅅㅎ 사계절	김지영	◯
	이게 뭐예요? 머스트비	라파엘 마르탱	◯
	쉬는 시간에 똥 싸기 싫어 토토북	김개미	◯
	낭송하고 싶은 우리 동시 좋은꿈	문삼석 외	◯
	세상에서 가장 힘이 센 말 달달북스	이현정	◯
	동물 도감: 세밀화로 그린 보리 어린이 도감 보리	권혁도 외	◯

	수박씨 창비	최명란	◯
	참 좋은 짝 푸른책들	손동연	◯
	나무는 즐거워 비룡소	이기철	◯
	훨훨 간다 국민서관	권정생	◯
	김용택 선생님이 챙겨주신 1학년 책가방 동화 파랑새어린이	이규희	◯
	신발 속에 사는 악어 사계절	위기철	◯
2학년 2학기 국어 (가)	아홉 살 마음 사전 창비	박성우	◯
	신발 신은 강아지 스콜라	고상미	◯
	크록텔레 가족 교학사	파트리시아 베르비	◯
	산새알 물새알 푸른책들	박목월	◯
	저 풀도 춥겠다 부산알로이시오초등학교 3학년 학급문집	한영우(학생)	◯
	유치원 인기 동요 BEST 50 웅진주니어	웅진주니어 편집부	◯
	호주머니 속 알사탕 문학과지성사	이송현	◯
2학년 2학기 국어 (나)	콩이네 옆집이 수상하다! 문학동네	천효정	◯
	불가사리를 기억해 사계절	유영소	◯
	종이 봉지 공주 비룡소	로버트 문치	◯
	거인의 정원 웅진씽크하우스	오스카 와일드	◯

수록 학년과 교과서	책 제목 (출판사)	지은이	확인
2학년 2학기 국어 (나)	나무들이 재잘거리는 숲 이야기 풀과바람	김남길	◯
	언제나 칭찬 사계절	류호선	◯
	팥죽 할멈과 호랑이 시공주니어	박윤규	◯
2학년 2학기 국어활동	교과서 전래 동화 거인	조동호	◯
	원숭이 오누이 한림출판사	채인선	◯
	개구리와 두꺼비는 친구 비룡소	아널드 로벨	◯
	엄마를 잠깐 잃어버렸어요 보림	크리스 호튼	◯

초등 중학년(3~4학년) 국어 교과서 수록 도서

수록 학년과 교과서	책 제목 (출판사)	지은이	확인
3학년 1학기 국어 (가)	곱구나! 우리 장신구 한솔수북	박세경	◯
	소똥 밟은 호랑이 영림카디널	박민호	◯
	너라면 가만있겠니? 청개구리	우남희	◯
	꽃 발걸음 소리 아침마중	오순택	◯
	아! 깜짝 놀라는 소리 끝없는이야기	신형건	◯
	바삭바삭 갈매기 한림출판사	전민걸	◯
	책이 사라진 날 한솔수북	고정욱	◯

3학년 1학기 국어 (가)	바람의 보물찾기 청개구리	강현호	○
	삐뽀삐뽀 눈물이 달려온다 문학동네	김륭	○
	리디아의 정원 시공주니어	사라 스튜어트	○
	한눈에 반한 우리 미술관 사계절	장세현	○
	플랑크톤의 비밀 예림당	김종문	○
3학년 1학기 국어 (나)	꿈나무영등포 영등포구청	영등포구청	○
	명절 속에 숨은 우리 과학 시공주니어	오주영	○
	아씨방 일곱 동무 비룡소	이영경	○
	개구쟁이 수달은 무얼 하며 놀까요? 재능아카데미	왕입분	○
	프린들 주세요 사계절	앤드루 클레먼츠	○
	알고 보면 더 재미있는 곤충이야기 뜨인돌어린이	김태우, 함윤미	○
	짝 바꾸는 날 도토리숲	이일숙	○
	축구부에 들고 싶다 창비	성명진	○
	쥐눈이콩은 기죽지 않아 문학동네	이준관	○
	만복이네 떡집 비룡소	김리리	○
3학년 1학기 국어활동	감자꽃 보물창고	권태웅	○
	귀신보다 더 무서워 보리	허은순	○
	아드님, 진지 드세요 좋은책어린이	강민경	○

	개똥이네 놀이터 보리	허정숙	◯
	종이접기 백선 5 종이나라	종이나라 편집부	◯
	도토리 신랑 보리	서정오	◯
3학년 1학기 국어활동	씨앗부터 나무까지 식물이 좋아지는 식물책 다른세상	김진옥	◯
	하루와 미요 문학동네	임정자	◯
	타임캡슐 속의 필통 창비	남호섭	◯
	바위나리와 아기별 길벗어린이	마해송	◯
	거인 부벨라와 지렁이 친구 주니어RHK	조 프리드먼	◯
	어쩌면 저기 저 나무에만 둥지를 틀었을까 만인사	이정환	◯
	까불고 싶은 날 창비	정유경	◯
3학년 2학기 국어 (가)	눈 코 귀 입 손! 위즈덤북	박행신	◯
	진짜 투명 인간 씨드북	레미 쿠르종	◯
	지렁이 일기 예보 비룡소	유강희	◯
	내 입은 불량 입 크레용하우스	경화봉화분교 어린이들	◯
	꼴찌라도 괜찮아! 휴이넘	유계영	◯
3학년 2학기 국어 (나)	온 세상 국기가 펄럭펄럭 웅진주니어	서정훈	◯
	이야기 할아버지의 이상한 밤 한림출판사	임혜령	◯
	무툴라는 못 말려! 국민서관	베벌리 나이두	◯

	귀신 선생님과 진짜 아이들 사계절	남동윤 글	○
	가자, 달팽이 과학관 보리	보리 편집부	○
	꽃과 새, 선비의 마음 보림	고연희	○
3학년 2학기 국어활동	별난 양반 이 선달 표류기 1 웅진주니어	김기정	○
	알리키 인성 교육 1: 감정 미래아이	알리키 브란덴 베르크	○
	아인슈타인 아저씨네 탐정 사무소 주니어김영사	김대조	○
	숨 쉬는 도시 꾸리찌바 파란자전거	안순혜	○
	눈 베틀북	박웅현	○
	멋져 부러, 세발자전거 낮은산	김남중	○
	산 웅진닷컴	전영우	○
	동시마중 제31호	김자연	○
	100살 동시 내 친구 청개구리	한국동시문학회	○
4학년 1학기 국어 (가)	사과의 길 문학동네	김철순	○
	경주 최씨 부자 이야기 여원미디어	조은정	○
	나비를 잡는 아버지 효리원	현덕	○
	가끔씩 비 오는 날 창비	이가을	○
	우산 속 둘이서 21문학과문화	장승련	○
	맛있는 과학 — 6. 소리와 파동 주니어김영사	문희숙	○

	나무 그늘을 산 총각 꿈꾸는꼬리연	권규헌 ◯
	경제의 핏줄, 화폐 미래아이	김성호 ◯
	무지개 도시를 만드는 초록 슈퍼맨 스콜라	김영숙 ◯
4학년 1학기 국어 (가)	조선 사람들의 소망이 담겨 있는 신사임당 갤러리 그린북	이광표 ◯
	지붕이 들려주는 건축 이야기 현암주니어	남궁담 ◯
	쩌우 까우 이야기 창비	김기태 엮음 ◯
	아름다운 꼴찌 주니어RHK	이철환 ◯
	초록 고양이 사계절	위기철 ◯
	알고 보니 내 생활이 다 과학! 예림당	김해보, 정원선 ◯
	콩 한 쪽도 나누어요 열다	고수산나 ◯
	생명, 알면 사랑하게 되지요 더큰아이	최재천 ◯
	세종 대왕, 세계 최고의 문자를 발명하다 보물창고	이은서 ◯
4학년 1학기 국어 (나)	세계 속의 한글 박이정출판사	홍종선 ◯
	주시경 비룡소	이은정 ◯
	나 좀 내버려 둬 길벗어린이	박현진 ◯
	두근두근 탐험대 (1부 모험의 시작) 보리	김홍모 ◯
	비빔툰 9 (끝은 또 다른 시작) 문학과지성사	홍승우 ◯

4학년 1학기 국어활동	내 맘처럼 열린어린이	최종득	○
	고래를 그리는 아이 시공주니어	윤수천	○
	이솝 이야기 아이즐	이솝 원작, 차보금 엮음	○
	꽃신 사파리	윤아해	○
	아는 길도 물어 가는 안전 백과 풀과바람	이성률	○
	신기한 그림 족자 비룡소	이영경	○
	놀면서 배우는 세계 축제1 봄볕	유경숙	○
	가을이네 장 담그기 책읽는곰	이규희	○
4학년 2학기 국어 (가)	오세암 창비	정채봉	○
	매일매일 힘을 주는 말 개암나무	박은정	○
	세상에서 가장 유명한 위인들의 편지 채우리	오주영 엮음	○
	사라, 버스를 타다 사계절	윌리엄 밀러	○
	콩닥콩닥 짝 바꾸는 날 시공주니어	강정연	○
	젓가락 달인 바람의아이들	유타루	○
4학년 2학기 국어 (나)	5000년 한국 여성 위인전 1 혼진피앤엠	신현배	○
	정약용 비룡소	김은미	○
	사흘만 볼 수 있다면 그리고 헬렌 켈러 이야기 두레아이들	헬렌 켈러	○
	어머니의 이슬 털이 북극곰	이순원	○

4학년 2학기 국어 (나)	투발루에게 수영을 가르칠 걸 그랬어! 미래아이	유다정	◯
	우리 속에 울이 있다 푸른책들	박방희	◯
	쉬는 시간에 똥 싸기 싫어 토토북	김개미	◯
	지각 중계석 문학동네	김현욱	◯
	멸치 대왕의 꿈 키즈엠	천미진	◯
4학년 2학기 국어활동	아들아, 너는 미래를 이렇게 준비하렴 글고은	필립 체스터필드	◯
	100년후에도읽고싶은한국명작동화 II 예림당	한국명작동화선정위원회	◯
	두고두고 읽고 싶은 한국 대표 창작 동화 3 계림북스	이원수	◯
	함께 사는 다문화 왜 중요할까요? 나무생각	홍명진	◯
	우리 조상들은 얼마나 책을 좋아했을까? 보물창고	마술연필	◯
	초희의 글방 동무 개암나무	장성자	◯
	멋진 사냥꾼 잠자리 길벗어린이	안은영	◯
	자유가 뭐예요? 상수리	오스카 브르니피에	◯
	고학년을 위한 동요 동시집 상서각	김형경	◯
	기찬 딸 시공주니어	김진완	◯

초등 고학년(5~6학년) 국어 교과서 수록 도서

수록 학년과 교과서	책 제목 (출판사)	지은이	확인
5학년 1학기 국어	참 좋은 풍경 청개구리	박방희	○
	어린이를 위한 시크릿: 꿈을 이루는 일곱 가지 비밀 살림어린이	김현태·윤태익	○
	별을 사랑하는 아이들아 푸른책들	윤동주	○
	난 빨강 창비	박성우	○
	가랑비 가랑가랑 가랑파 가랑가랑 사계절	정완영	○
	수일이와 수일이 우리교육	김우경	○
	마음의 온도는 몇 도일까요? 주니어김영사	정여민	○
	색깔 속에 숨은 세상 이야기 아이세움	박영란·최유성	○
	브리태니커 만화 백과: 여러 가지 식물 아이세움	봄봄 스토리	○
	공룡 대백과 웅진주니어	한상호·이용규·박지은	○
	생각이 꽃피는 토론2 이비락 2018	황연성	○
	여행자를 위한 나의 문화유산 답사기2 창비	유홍준	○
	바람 소리 물소리 자연을 닮은 우리 악기 문학동네	청동말굽	○
	지켜라! 멸종 위기의 동식물 뭉치	백은영	○
	청자의 이해 지도에 관한 연구(2003) 미술 교육 농촌 17	류재만	○
	잘못 뽑은 반장 주니어김영사	이은재	○

5학년 2학기 국어	바다가 튕겨 낸 해님 청개구리	박희순	◯
	니 꿈은 뭐이가? 웅진주니어	박은정	◯
	어린이 문화재 박물관 2 사계절	문화재청 엮음	◯
	전통 속에 살아 숨 쉬는 첨단 과학 이야기 교학사	윤용현	◯
	악플전쟁 별숲	이규희	◯
	뻥튀기는 속상해 푸른책들	한상순	◯
	고맙습니다, 선생님 아이세움	패트리샤 폴라코	◯
	파브르 식물 이야기 사계절	장 앙리 파브르	◯
	한지돌이 보림	이종철	◯
	꿈을 찾아 떠나는 여행 미래엔	기은서(학생 작품)	◯
6학년 1학기 국어	뻥튀기 주니어이서원	고일	◯
	내 마음의 동시 6학년 계림북스	심후섭	◯
	가랑비 가랑가랑 가랑파 가랑가랑 사계절	정완영	◯
	황금 사과 뜨인돌어린이	송희진	◯
	우주 호텔 해와나무	유순희	◯
	속담 하나 이야기 하나 산하	임덕연	◯
	등대섬 아이들 신아출판사	주평	◯
	말대꾸하면 안 돼요? 창비	배봉기	◯
	조선 왕실의 보물 의궤 토토북	유지현	◯

6학년 1학기 국어	얘, 내 옆에 앉아! 푸른책들	노원호	◯
	불패의 신화가 된 명장 이순신 웅진씽크빅	이강엽	◯
	샘마을 몽당깨비 창비	황선미	◯
	아버지의 편지 함께읽는책	정약용 글, 한문희 엮음	◯
6학년 2학기 국어	의병장 윤희순 한솔수북	정종숙	◯
	구멍 난 벼루 토토북	배유안	◯
	열두 사람의 이주 특별한 동화 파랑새	송재찬	◯
	이모의 꿈꾸는 집 문학과지성사	정옥	◯
	노래의 자연 시인생각	정현종	◯
	생각 깨우기 푸른숲주니어	이어령	◯
	지구촌 아름다운 거래 탐구 생활 파란자전거	한수정	◯
	사회 선생님이 들려주는 공정무역 이야기 살림출판사	전국사회교사모임	◯
	배낭을 멘 노인 문공사	박현경·김운기 원작, 김주연 각색	◯
	완희와 털북숭이 괴물(샬럿의 거미줄) 도서출판 연극, 놀이 그리고 교육	조셉 로비넷	◯
	쉽게 읽는 백범 일지 돌베개	김구	◯
	장복이, 창대와 함께하는 열하일기 한국고전번역원	박지원 원작, 강민경 글	◯
	아트와 맥스 시공주니어	데이비드 위즈너	◯
	나는 비단길로 간다 푸른숲주니어	이현	◯
	식구가 늘었어요 청개구리	조영미	◯